Põrgu

Dr. Jaerock Lee

1 Veri, mis niriseb arvukatest kohutavas piinas päästmata hingedest, moodustab tohutu voolava jõe.

2 Õudselt koledatel põrgu sõnumitoojatel on inimesesarnase kuju või paljude koledate ja ebapuhaste loomade kujuline nägu.

3 Verejõe kallastel on palju piinas lapsi, kuueaastastest kuni puberteedieelikuteni. Vastavalt nende pattude tõsidusele on nende ihud maetud sügavale mutta ja verejõele lähemale.

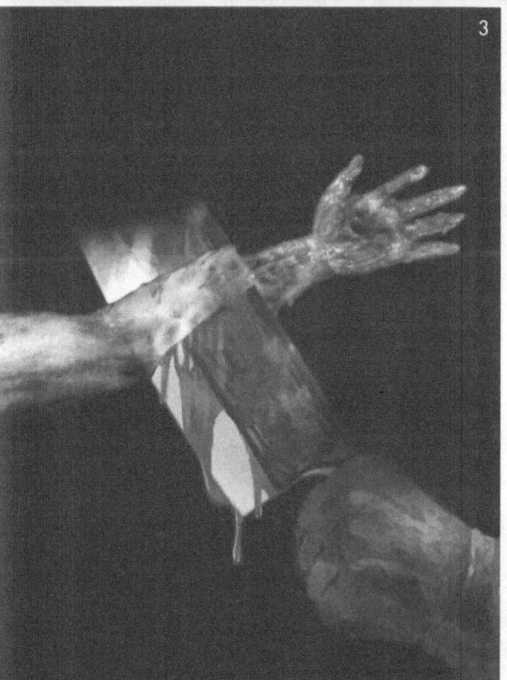

1 Lehkav jääkvee lomp on täis arvukaid roomavaid putukaid ja need putukad näksivad lompi kinni pandud hingede ihusid. Putukad torkavad nende ihu ja läbistavad nende alakõhu.

2,3 Jälk inetu seakujuline sõnumitooja valmistab väikesest pistodast kirveni suurt piinariistade sortimenti. Põrguteener viilutab puu külge seotud hinge ihu tükkideks.

Põlev tuline pott on täis hirmsalt lehkavat kiiresti keevat vedelikku. Varem abielus olnud hukka mõistetud hinged kastetakse ühekaupa potti. Ühe hinge piinlemise ajal anub teine, et abikaasa karistus kestaks kauem.

Arvukad tillukesed pärani suuga ja teravaid hambaid paljastavad putukad ajavad taga hingi, kes ronivad kaljult üles. Kabuhirmus hinged kaetakse hetkega putukatega ja nad kukuvad kaljult alla.

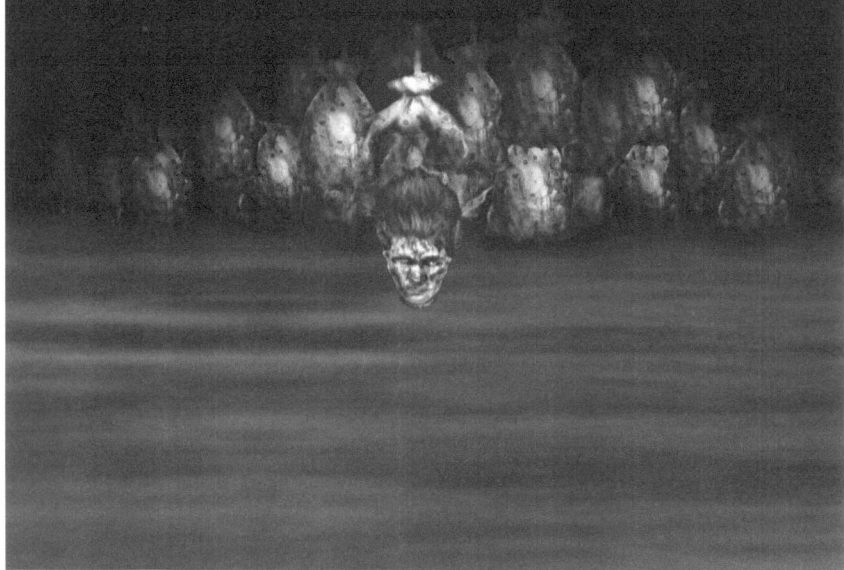

Arvukad võikad mustad pead, mis kuuluvad jumalavastase järgijaile, hammustavad tugeva mürgihammustusega oma teravate hammastega kogu mässaja ihu. Piin on veelgi suurem kui putukate näkitsemine või elajate poolt lõhki rebimine.

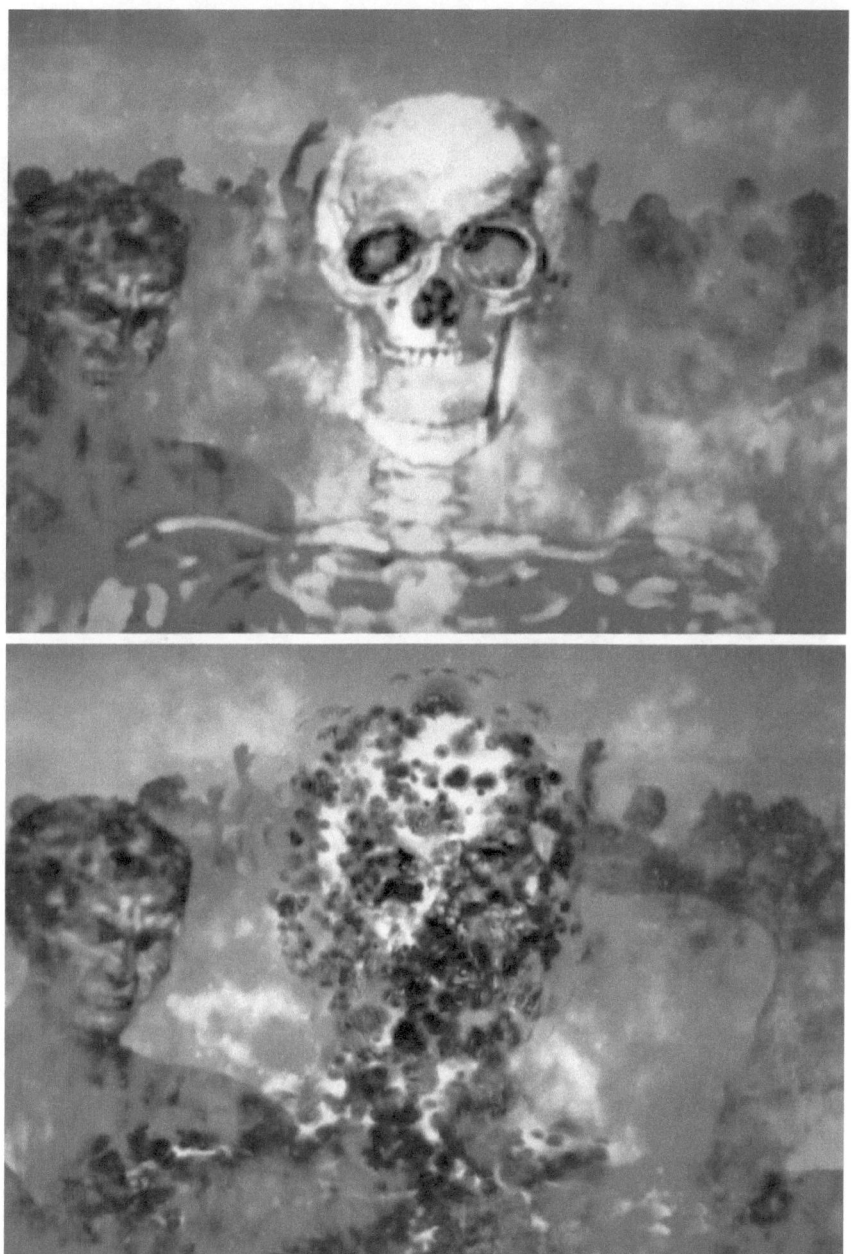

Tulejärve visatud hinged hüppavad valust ja karjuvad väga valju häälega. Nende piiluvad silmad muutuvad jubedalt verd täisvalgunuks ja nende aju lõhkeb ning vedelik purskub sealt seest välja..

Oletagem, et keegi peab jooma tuleahjus sulatatud vedelat rauda, mis põletab ta siseorganid. Põlevasse väävlijärve visatud hinged ei suuda oiata ega mõtelda – neid painab üksnes valu.

„Siis sündis, et vaene suri, ja inglid kandsid ta Aabrahami sülle.
Aga ka rikas suri ja maeti maha.
Ja põrgus piineldes tõstis ta oma silmad üles
ja nägi Aabrahami kaugelt ja Laatsarust tema süles.
Ja ta hüüdis: „Isa Aabraham, halasta minu peale ja saada Laatsarus,
et ta kastaks oma sõrmeotsa vette ja jahutaks mu keelt,
sest ma tunnen suurt valu selles leegis!"
Aga Aabraham ütles: „Laps, tuleta meelde,
et sa oled oma heapõlve elus kätte saanud,
ja nõndasamuti Laatsarus halva.
Nüüd lohutatakse teda siin, sina aga tunned valu.
Ja pealegi on meie ja teie vahele seatud suur kuristik,
et need, kes tahavad siit teie juurde minna, ei saa,
ega tulda ka sealt meie juurde."
Aga tema ütles: „Ma palun siis sind, isa,
et sa saadaksid Laatsaruse mu isakotta,
sest mul on viis venda, et ta hoiataks neid,
et nemadki ei satuks siia piinapaika!"
Kuid Aabraham ütles:
„Neil on Mooses ja Prohvetid, kuulaku nad neid!"
Ent tema ütles: „Ei sugugi, isa Aabraham,
vaid kui keegi surnuist nende juurde läheks,
siis nad parandaksid meelt!"
Aabraham aga ütles talle:
„Kui nad ei kuula Moosest ja Prohveteid,
ei neid veena siis ka see, kui keegi surnuist üles tõuseks!"

Luuka 16:22-31

Põrgu

[Põrgus] ei sure nende uss ja tuli ei kustu.
Sest kõiki soolatakse tulega.
(Markuse 9:48-49)

Põrgu

Dr. Jaerock Lee

Põrgu Autor: Dr. Jaerock Lee
Kirjastaja: Urim Books (Esindaja: Seongnam Vin)
73, Yeouidaebang-ro 22-gil, Dongjak-gu, Seoul, Korea
www.urimbooks.com

Autoriõigusele allutatud. Seda raamatut või selle osasid ei ole lubatud kirjastaja kirjaliku loata mingil kujul eprodutseerida, otsingusüsteemis säilitada ega edastada mingil kujul ega mingite elektroonsete, mehaaniliste vahenditega sellest fotokoopiaid ega salvestusi teha ega seda mingil muul viisil edastada.

(Piiblitsitaadid: Piibel, Tallinn, 1997 – Eesti Piibliseltsi väljaanne).

Autoriõigus © 2016 – Dr. Jaerock Lee
ISBN: 979-11-263-0101-0 03230
Tõlke autoriõigus © 2011 – Dr. Esther K. Chung. Kasutatud autori loal.

Eelnevalt välja antud korea keeles: Urim Books, 2002

Esmaväljaanne aprillis 2016

Toimetaja: Dr Geumsun Vin
Kujundaja: Urim Books toimetusbüroo
Trükkija: Prione Priting Company
Lisateabeks võtke palun ühendust aadressil: urimbook@hotmail.com

Eessõna

Lootes, et see raamat on eluleivaks, mis juhatab arvukad hinged ilusasse Taevasse, lastes neil mõista kõigi inimeste pääsemist sooviva Jumala armastust...

Täna kui inimesed kuulevad Taevast ja põrgust, vastab suurem osa neist negatiivselt ja ütleb: „Kuidas saan ma uskuda taolist asja käesoleval teadusliku tsivilisatsiooni ajastul?" „Kas sa oled kunagi viibinud Taevas ja põrgus?" või „Te saate seda ainult surmajärgselt teada."

Te peate ette teadma, et surmale järgneb elu. Siis kui te hingate viimast korda, on liiga hilja. Pärast viimast hingetõmmet selles maailmas ei ole teil enam kunagi uut võimalust oma elu uuesti elada. Teid ootab vaid Jumala kohus, kus te lõikate seda, mida te külvasite siin maailmas.

Jumal on kogu Piiblis meile juba ilmutanud pääsemise tee, Taeva ja põrgu olemasolu ja kohtu, mis toimub Jumala Sõna alusel. Ta ilmutas oma väe imetegusid paljude Vana Testamendi prohvetite ja Jeesuse kaudu.

Jumal näitab ka täna imede, tunnustähtede ja muude Jumala kõige truumate ja ustavamate sulaste kaudu Piiblisse kirja pandud imeliste Jumala väetegudega, et Ta elab ja Piibel on tõde. Kuid hoolimata Tema tegude küllastest tõendustest on ikkagi olemas uskmatud. Seetõttu näitas Jumal oma lastele Taevast ja põrgut ja julgustas neid andma tunnistust sellest, mida nad olid kogu maailmas näinud.

Armastuse Jumal ilmutas ka minule üksikasjalikult Taeva ja põrgu kohta ja õhutas mind seda sõnumit kogu maailmas kuulutama, sest Kristuse teine tulek on väga lähedal.

Kui ma edastasin sõnumid põrgusse kuuluvatest armetutest ja jäledatest alumise haua vaatepiltidest, nägin ma paljusid oma kogudusest sügavast kurvastusest värisemas ja nutma puhkemas hingede pärast, kes said alumise haua kohutava julma karistuse osaliseks.

Päästmata hinged viibivad alumises hauas vaid suure valge trooni kohtumõistmise toimumiseni. Pärast kohut lähevad päästmata hinged kas tulejärve või põlevasse väävlijärve. Karistus tulejärves või põlevas väävlijärves on palju karmim kui alumise haua karistus.

Ma kirjutan, mida Jumal ilmutas mulle Püha Vaimu kaudu Piiblis oleva Jumala Sõna alusel. Seda raamatut võib nimetada põrgu lõpmatu viletsuse ette teatamisega patust võimalikult palju inimesi päästa sooviva Jumala Isa siira armastuse sõnumiks.

Jumal lasi oma Pojal kõigi inimeste päästmiseks ristil surra. Ta tahab samuti, et ükski hing ei läheks kohutavasse põrgusse. Jumal peab ühte hinge kogu maailmast väärtuslikumaks ning Ta on väga rõõmus ja tunneb head meelt ning tähistab taevaste vägede ja inglitega iga inimese usu kaudu pääsemist.

Ma annan kogu au ja tänu Jumalale, kes juhatas mind seda raamatut avaldama. Ma loodan, et te hakkate mõistma mitte ühtegi hinge põrgule kaotada sooviva Jumala hinge ja et te saate tõelise usu. Peale selle ma õhutan teid kõikidele põrgu suunas minevatele hingedele usinasti evangeeliumi kuulutama.

Ma tänan ka Urim Books kirjastust ja selle töötajaid, samuti toimetuse büroo direktorit Geumsun Vini. Ma loodan, et iga lugeja saab aru, et pärast surma ja kohut tuleb tõesti igavene elu ja võtab vastu täieliku pääsemise.

Jaerock Lee

Sissejuhatus

Lootuses, et arvukad hinged võiksid mõista põrgu viletsust, meelt parandada, naaseksid surma teelt ja saaksid päästetud...

Püha Vaim õhutas Dr. Jaerock Leed, Manmini Keskkoguduse vanempastorit surmajärgse elu ja armetu põrgu kohta õppima. Me koostasime tema sõnumid ja kirjastame täna raamatu *Põrgu*, et arvukad inimesed võiksid põrgu kohta selgelt ja täpselt teada saada. Ma annan kogu au ja tänu Jumalale.

Paljud tunnevad tänapäeval huvi surmajärgse elu kohta, aga meil on võimatu oma piiratud võimetega vastuseid saada. See raamat on elav ja igakülgne ülevaade põrgust, mille kohta on meile Piiblis osaliselt ilmutusi antud. *Põrgu* koosneb üheksast peatükist.

1. peatükk „Kas tõesti on olemas Taevas ja põrgu?" kujutab Taeva ja põrgu üldist ülesehitust. Luuka 16. peatükis toodud

Sissejuhatus

rikka mehe ja kerjus Laatsaruse tähendamissõna abil selgitatakse, mis on ülemine haud – kus ootavad Vana Testamendi ajal pääsenud hinged – ja alumine haud, kus päästmata hingi piinatakse Suure kohtumõistmiseni.

2. peatükis „Pääsemise tee neile, kes ei ole kunagi evangeeliumi kuulnud," arutatakse südametunnistuse kohtumõistmist. Samuti kirjeldatakse kohtumõistmise paljude juhtude erikriteeriume: abordi või nurisünnituse tõttu sündimata looted, sünnist kuni viie aasta vanuste lasteni ja kuuendast eluaastast kuni teismeliseea eelses vanuses lasteni.

3. peatükis „Alumine haud ja põrgu sõnumitoojate isiksus" kirjeldatakse üksikasjalikult alumise haua ootekohta. Pärast surma viibivad inimesed alumise haua ootekohas kolm päeva ja siis nad saadetakse vastavalt nende pattude tõsidusele alumise haua erinevatesse kohtadesse, kus neid piinatakse julmalt kuni suure valge trooni kohtuni. Samuti selgitatakse alumist hauda valitsevate kurjade vaimude isiksust.

4. peatükk „Päästmata laste karistused alumises hauas" annab tunnistust, et isegi mõned ebaküpsed lapsed, kes ei suuda õige ja vale vahel vahet teha, ei saa päästetud. Laste peale pandavad eriliiki karistused on liigitatud vastavalt vanuserühmale: karistused loodetele ja imikutele, väikelastele, kolmandast eluaastast kuni viieaastastele lastele ja kuuendast eluaastast kuni kaheteistaastastele lastele.

5. peatükis „Karistused inimestele, kes surevad pärast puberteediiga" selgitatakse karistusi noorukieast vanematele inimestele. Igaühele, kes on umbkaudu üle kolmeteist aasta

vanune, on karistused jaotunud neljale tasemele, vastavalt nende pattude tõsidusele. Mida tõsisemad on inimeste patud, seda suurema karistuse nad saavad.

6. peatükis „Karistused Püha Vaimu pilkamise eest" tuletatakse lugejatele meelde, et nii nagu Piiblisse on kirja pandud, on olemas teatud andeksandmatud patud, millest ei saa meelt parandada. Selles peatükis kirjeldatakse ka üksikasjalike näidete varal eriliiki karistusi.

7. peatükis „Pääsemine suure viletsuseaja jooksul" hoiatatakse, et me elame ajastu lõpul ja Isanda tagasitulek on väga lähedal. Selles peatükis selgitatakse üksikasjalikult, mis juhtub Kristuse tagasituleku ajal ja et viletsuseajaks maale jäänud inimesed võivad pääseda vaid märterluse teel. Seal õhutatakse teid ka end Isanda Jeesuse Kristuse ilusaks pruudiks ette valmistama, et te võiksite osaleda seitsmeaastasel pidusöömaajal ja vältida maa peale mahajäämist pärast koguduse ülesvõtmist.

8. peatükis „Karistused põrgus pärast suurt kohtumõistmist" kirjeldatakse üksikasjalikult kohtumõistmist tuhandeaastase rahuriigi lõpus ja kuidas päästmata hinged viiakse alumisest hauast põrgusse ja neile saavad osaks eriliiki karistused ning kurjade vaimude saatust ning nende karistusi.

9. peatükis „Miks pidi armastuse Jumal valmistama põrgu?" selgitatakse, missugune on Jumala külluslik ja ülevoolav armastus, mida Ta näitas oma ainsa Poja ohvriks toomise läbi. Viimases peatükis selgitatakse üksikasjalikult, miks armastuse Jumal pidi tegema põrgu.

Põrgu ergutab teid ka mõistma armastuse Jumalat, kes tahab, et kõik hinged saaksid päästetud ja oleksid usus ärksad. Põrgu lõpeb üleskutsega juhatada võimalikult palju hingesid pääsemise teele.

Jumal on täis halastust ja kaastunnet ja Ta on armastus ise. Tänapäeval ootab Jumal kadunud poja naasmist ootava isa südame sarnaselt siiralt, et kõik kadumaläinud hinged saaksid patust vabaks ja päästetud.

Seega, ma loodan siiralt, et arvukad hinged kogu maailmas mõistavad ja saavad aru, et see armetu põrgu on tõesti olemas ja naasevad varsti Jumala juurde. Ma palun ka Jeesuse Kristuse nimel, et kõik usklikud Isandas püsiksid ärksad ja valvsad ja juhataksid võimalikult palju inimesi Taevasse.

Geumsun Vin
Toimetusbüroo juhataja

Sisukord

Eessõna

Sissejuhatus

1. Peatükk –

Kas tõesti on olemas Taevas ja Põrgu? • 1

1. Taevas ja põrgu on tõesti olemas
2. Tähendamissõna rikkast mehest ja vaesest Laatsarusest
3. Taeva ja põrgu ülesehitus
4. Ülemine haud ja paradiis
5. Alumine haud, ootekoht teel põrgusse

2. Peatükk –

Pääsemise tee neile, kes ei ole kunagi evangeeliumi kuulnud • 23

1. Südametunnistuse kohus
2. Abordi või nurisünnituse tõttu sündimata lapsed
3. Lapsed sünnist kuni viie aastani
4. Lapsed kuuendast eluaastast teismeliseeani
5. Kas Aadam ja Eeva olid päästetud?
6. Mis juhtus esimese mõrvari Kainiga?

3. Peatükk –

Alumine haud ja põrgu sõnumitoojate isiksus • 55

1. Põrgu sõnumitoojad viivad inimesed alumisse hauda
2. Kurjade vaimude maailma ootekoht
3. Alumise haua eri karistused erinevate pattude eest
4. Lutsifer valitseb alumist hauda
5. Põrgu sõnumitoojate identiteet

4. Peatükk –

Päästmata laste karistused alumises hauas • 71

1. Looted ja imikud
2. Väikelapsed
3. Lapsed, kes on piisavalt vanad, et käia ja rääkida
4. Lapsed kuuendast kaheteistkümnenda eluaastani
5. Noorukid, kes pilkasid prohvet Eliisat

5. Peatükk –

Karistused inimestele, kes surevad pärast puberteediiga • 89

1. Karistuse esimene tase
2. Karistuse teine tase
3. Vaarao karistus
4. Karistuse kolmas tase
5. Pontius Pilaatuse karistus
6. Iisraeli esimese kuninga Sauli karistus
7. Juudas Iskarioti neljanda taseme karistus

6. Peatükk –

Karistused Püha Vaimu pilkamise eest • 131

1. Keeva vedeliku potis kannatamine
2. Püstisest kaljust ülesronimine
3. Põleva rauaga suu põletamine
4. Tohutusuured piinamasinad
5. Puutüve külge seotud olemine

7. Peatükk –

Pääsemine suure viletsuseaja jooksul • 159

1. Kristuse tagasitulek ja koguduse ülesvõtmine
2. Seitsmeaastane suur viletsuseaeg
3. Märterlus suure viletsuseaja jooksul
4. Kristuse teine tagasitulek ja tuhandeaastane rahuriik
5. Valmistudes olema Isanda ilus pruut

8. Peatükk –

Karistused põrgus pärast suurt kohtumõistmist • 183

1. Päästmata hinged lähevad pärast kohtumõistmist põrgusse
2. Tulejärv ja põlev väävlijärv
3. Mõned jäävad alumisse hauda ka pärast kohtumõistmist
4. Kurjad vaimud pannakse sügavikku kinni
5. Kus lõpetavad deemonid?

9. Peatükk –

Miks pidi armastuse Jumal valmistama põrgu? • 215

1. Jumala kannatlikkus ja armastus
2. Miks pidi armastuse Jumal valmistama põrgu?
3. Jumal tahab, et kõik inimesed saaksid päästetud
4. Levitage evangeeliumit julgelt

1. Peatükk

Kas tõesti on olemas Taevas ja Põrgu?

1. Taevas ja põrgu on tõesti olemas
2. Tähendamissõna rikkast mehest ja vaesest Laatsarusest
3. Taeva ja põrgu ülesehitus
4. Ülemine haud ja paradiis
5. Alumine haud, ootekoht teel põrgusse

„Ja Jeesus kostis:
Teile on antud mõista taevariigi saladusi,
neile aga ei ole."
- Matteuse 13:11 -

„Ja kui su silm sind ajab patustama, kisu ta välja!
Sul on parem minna ühe silmaga Jumala riiki kui
kahe silmaga olla visatud põrgusse."
- Markuse 9:47 -

Kas tõesti on olemas Taevas ja Põrgu?

Suurem osa meid ümbritsevatest inimestest kardab surma ja nad elavad oma elu kaotamise hirmus ja mures. Sellest hoolimata nad ei otsi Jumalat, kuna nad ei usu surmajärgset elu. Sellele lisaks, paljud inimesed, kes tunnistavad oma usku Kristusesse, ei näi usuelu elavat. Inimesed kahtlevad rumalusest ja ei usu, et pärast surma võiks olla elu, isegi kui Jumal on meile Piiblis juba andnud ilmutusi surmajärgse elu, Taeva ja põrgu kohta. Surmajärgne elu on nähtamatus vaimses maailmas. Seega saavad inimesed sellest aru alles siis, kui Jumal laseb neil sellest teada saada. Nii nagu Piiblis pidevalt kirjutatakse, on Taevas ja põrgu kindlasti olemas. Sellepärast näitab Jumal Taevast ja põrgut paljudele inimestele kogu maailmas ja laseb neil sellest igas maa nurgas kuulutada.

„Taevas ja põrgu on tõesti olemas."

„Taevas on ilus ja kütkestav koht, kuna põrgu on aga sünge ja armetu koht, mida on raske ette kujutada. Ma õhutan teid väga surmajärgse elu olemasolu uskuma."

„See, kas te lähete Taevasse või põrgusse, sõltub teist. Selleks, et põrgusse mitte minna, tuleks teil kohe kõikidest pattudest meelt parandada ja Jeesus Kristus vastu võtta."

„Põrgu on kindlasti olemas. Inimesed kannatavad seal igavesti. Samuti on tõde, et Taevas on olemas. Taevas võib olla teie püsikodu."

Armastuse Jumal on mulle Taeva kohta 1984. aasta maikuust alates selgitusi andnud. 2000. aasta märtsikuust hakkas Ta mulle põrgu kohta üksikasjalikke selgitusi andma. Ta palus, et ma edastaks Taeva ja põrgu kohta teadasaadu kõikjale maailma, et kedagi ei karistataks tulejärves ega põlevas väävlijärves.

Jumal näitas mulle ükskord hinge, kes kannatas ja hädaldas kahetsustunde tõttu alumises hauas, kus kõik põrgusse minejad ootavad agoonias. Hoolimata paljudest evangeeliumi kuulmise võimalustest, keeldus see hing Isandat vastu võtmast ja lõpetas pärast surma põrgus. Järgnev on tema tunnistus:

Ma loen päevi.
Ma loen, loen, loen, kuid need ei lõpe.
Ma oleksin pidanud püüdma Jeesust Kristust vastu võtta,
kui mulle Temast räägiti.
Mida ma teen nüüd?

Isegi kui ma kahetsen nüüd, on see täiesti kasutu.
Ma ei tea, mida nüüd teha.
Ma tahan sellest kannatusest pääseda,
kuid ma ei tea, mida teha.

Ma loendan: üks, kaks ja kolm päeva.
Aga isegi kui ma päevi nii loendan,
Tean ma nüüd, et sellest pole kasu.
Mu süda käriseb lõhki.
Mida ma teen? Mida peaksin ma tegema?

Kuidas ma saaksin sellest suurest valust vabaks?
Oh vaene hing, mida ma peaksin tegema?
Kuidas ma saan seda taluda?

1. Taevas ja põrgu on tõesti olemas

Heebrealastele 9:27 kirjutatakse: *"Ja otsekui inimestele on seatud üks kord surra, pärast seda on aga kohus."* Kõik mehed ja naised on määratud surema ja pärast viimast hingetõmmet lähevad nad pärast kohtumõistmist kas Taevasse või põrgusse.

Jumal tahab, et kõik läheksid Taevasse, sest Ta on armastus. Jumal valmistas Jeesuse Kristuse enne aja algust ja avas õige aja saabudes inimolenditele pääsemise ukse. Jumal ei taha, et ükski hing läheks põrgusse.

Roomlastele 5:7-8 kuulutatakse: *"Vaevalt, et keegi läheb surma isegi õige eest, kuigi hea sõbra eest mõni ehk julgeks surra. Ent Jumal teeb nähtavaks oma armastuse meie vastu sellega, et Kristus suri meie eest, kui me olime alles patused."* Tõepoolest, Jumal näitas oma armastust meie vastu, kui Ta andis oma Poja ja ei säästnud Teda.

Pääsemise uks on avali, et igaüks, kes võtab Jeesuse Kristuse oma Päästjaks, võiks päästetud saada ja Taevasse minna. Aga suuremat osa inimestest ei huvita Taevas ega põrgu isegi siis kui nad nende kohta kuulevad. Pealegi, mõned nende seast kiusavad isegi evangeeliumi kuulutavaid inimesi taga.

Kõige kurvem on see, et need inimesed, kes väidavad, et nad

usuvad Jumalat, armastavad ikkagi veel maailma ja teevad pattu, sest neil puudub tegelikult taevalootus ja nad ei karda põrgut.

Tunnistajate ja Piibli tunnistuse kaudu

Taevas ja põrgu on vaimumaailmas, mis on tõesti olemas. Piiblis mainitakse palju kordi Taeva ja põrgu olemasolu. Need, kes on Taevas või põrgus viibinud, tunnistavad samuti nende olemasolust. Näiteks, Jumal räägib meile Piiblis, kui armetu on põrgu, et me võiksime pärast surma põrgusse mineku asemel igavese taevase elu saada.

Ja kui sinu käsi sind ajab patustama, raiu ta ära! Sul on parem minna vigasena ellu kui kahe käega põrgusse kustumatusse tulle [kus nende uss ei sure ja tuli ei kustu]. Ja kui su jalg sind ajab patustama, raiu ta ära! Sul on parem minna jalutuna ellu kui kahe jalaga olla visatud põrgusse [kus nende uss ei sure ja tuli ei kustu]. Ja kui su silm sind ajab patustama, kisu ta välja. Sul on parem minna ühe silmaga Jumala riiki kui kahe silmaga olla visatud põrgusse, kus nende uss ei sure ja tuli ei kustu. Sest kõiki soolatakse tulega (Markuse 9:43-49).

Need, kes on põrgus viibinud, tunnistavad Piibli kuulutusega sama. Põrgus „ei sure nende uss ja tuli ei kustu. Sest kõiki soolatakse tulega."

See on kristallselge, et pärast surma on olemas Taevas ja

Kas tõesti on olemas Taevas ja Põrgu?

põrgu, nii nagu Piiblisse kirja pandud on. Seega, te peaksite Jumala Sõna alusel elades ja oma meeles Taeva ja põrgu olemasolu uskudes Taevasse minema.

Te ei peaks hädaldama kahetsustunde tõttu nii nagu ülalmainitud hing, mis kannatas lõpmatult hauas, sest ta keeldus Isandat vastu võtmast, hoolimata paljudest evangeeliumi kuulmise võimalustest.

Johannese 14:11-12 ütleb Jeesus: *„Uskuge mind, et mina olen Isas ja Isa on minus. Kui te ei usu muu pärast, siis uskuge mu tegude tõttu. Tõesti, tõesti, ma ütlen teile, kes usub minusse, see teeb neidsamu tegusid, mida mina teen, ja ta teeb nendest hoopis suuremaid, sest mina lähen Isa juurde.*"

Te võite saada aru, et keegi on jumalamees, kui temaga kaasnevad väeteod, mida ei ole võimalik teha inimlike võimetega ja kui te võite ka kinnitada, et tema sõnum on Jumala tõesõnaga kooskõlas.

Ma kuulutan Jeesust Kristust ja teen elava Jumala väetegusid kogu maailmas toimuvate suurte koosolekute käigus. Kui ma palun Jeesuse Kristuse nimel, hakkavad paljud inimesed uskuma ja saavad päästetud hämmastava väega tehtud tegude toimumise tõttu: pimedad saavad nägijaks, tummad hakkavad rääkima, jalust vigased tõusevad püsti, surijad elavduvad ja nii edasi.

Jumal on sedamoodi minu kaudu oma vägevaid tegusid ilmutanud. Ta selgitab ka üksikasjalikult Taeva ja põrgu kohta ja laseb mul sellest kogu maailmas kuulutada, et võimalikult paljud võiksid saada päästetud.

Tänapäeval tunnevad paljud huvi vaimumaailma või elu

kohta pärast surma, kuid üksnes inimlike jõupingutustega on võimatu vaimumaailma selgelt tunda. Te võite selle kohta osaliselt Piiblist teada saada. Kuid te võite seda tunda selgelt ainult siis, kui Jumal selle kohta selgitusi annab, kui kõiki asju, ka Jumala sügavusi läbi uuriv Püha Vaim, teid seda täielikult tegema õhutab (1. Korintlastele 2:10).

Ma loodan, et te usute täielikult mu siintoodud ja piiblisalmidel põhinevat põrgu kirjeldust, sest Jumal ise selgitas seda mulle Püha Vaimu täieliku sisenduse teel.

Miks kuulutada Jumala kohut ja põrgu karistust

Kui ma edastan sõnumeid põrgu kohta, täituvad usuga inimesed Püha Vaimuga ja kuulavad neid kartuseta. Aga on inimesi, kelle näojooned jäigastuvad pingest ja nende tavaline jaatav vastus „Aamen" või „Jah" hääbub jutluse ajal tasapisi. Halvimal juhul lakkavad nõrga usuga inimesed hirmutunde tõttu koguduse koosolekutel käimast või lahkuvad isegi kogudusest, selle asemel, et taaskinnitada oma usku Taevasse mineku lootusega.

Sellest hoolimata pean ma põrgu kohta selgitusi andma, sest ma tunnen Jumala südant. Jumal on väga ärevil kui Ta näeb ikka pimeduses elavaid ja maailmaliku eluviisiga kompromisse tegevaid inimesi põrgu suunas tormamas, kuigi mõned neist inimestest tunnistavad, et nad usuvad Jeesust Kristust.

Seega annan ma põrgu kohta üksikasjalikke selgitusi, et Jumala lapsed võiksid viibida valguses ja jätta pimeduse. Jumal tahab, et Ta lapsed parandaksid meelt ja läheksid Taevasse, isegi kui nad peaksid tundma hirmu või ebamugavustunnet kui nad kuulevad Jumala kohtumõistmisest ja põrgukaristusest.

2. Tähendamissõna rikkast mehest ja vaesest Laatsarusest

Luuka 16:19-31 läksid nii rikas mees kui vaene Laatsarus pärast surma hauda. Olukord ja tingimused, kus mõlemad mehed selle järgselt viibima hakkasid, olid väga erinevad. Rikas mees tundis tules suurt piina, kuid Laatsarus oli temast kaugel teispool kuristikku, Aabrahami süles. Miks? Vana Testamendi ajal teostati Jumala kohut Moosese seaduse järgi. Ühelt poolt pälvis rikas mees tulekaristuse, kuna ta ei uskunud Jumalat, kuigi ta elas selles maailmas väga luksuslikult. Teiselt poolt, vaene Laatsarus võis igavesti puhata, sest ta uskus Jumalat, kuigi ta ihu oli kaetud paisetega ja ta igatses süüa raasukesi, mis kukkusid rikka laualt.

Elukoha pärast surma määrab Jumala kohus

Me leiame, et Vana Testamendi usuisad, kaasa arvatud Jaakob ja Iiob, teatasid, et nad lähevad pärast surma alla hauda (1. Moosese raamat 37:35; Iiob 7:9). Korah ja kõik ta mehed, kes tõusid Moosese vastu üles, läksid Jumala viha tõttu elusalt alla hauda (4. Moosese raamat 16:33).

Vanas Testamendis mainitakse ka sõnu „sheol" ja „hades."

Haud on inglise keelne sõna, mis tähistab nii „hauda" kui ka "surmavalda." Ja haud on jagatud kaheks: ülemine haud, mis kuulub Taevale ja alumine haud, mis kuulub põrgule.

Seega te teate, et usuisad nagu Jaakob ja Iiob ja vaene Laatsarus läksid ülemisse hauda, mis kuulub Taevasse, samal ajal kui Korah ja rikas mees läksid alumisse hauda, mis kuulub põrgusse. Samuti, pärast surma kestab elu kindlasti edasi ja kõik mehed ja naised lähevad vastavalt Jumala kohtuotsusele kas Taevasse või põrgusse. Ma õhutan teid väga Jumalat uskuma, et te pääseksite põrgusse minekust.

3. Taeva ja põrgu ülesehitus

Piiblis kasutatake Taeva või põrgu mainimiseks erinevaid nimesid. Tegelikult te tunnete ära, et Taevas ja põrgu ei asu samas kohas.

Teiste sõnadega, Taevale viitavad sõnad „ülemine haud," „paradiis" või „Uus Jeruusalemm." See on nii, kuna Taevas, päästetud hinge asukoht, liigitub ja jaotub paljudeks erinevateks kohtadeks.

Nii nagu ma juba selgitasin sõnumites, mis sisaldusid raamatutes „*Usumõõt*" ja „*Taevas I ja II,*" võite te elada Uues Jeruusalemmas asuvale Jumala troonile lähemal sel määral, mil teis taastub Jumala Isa kadumaläinud kuju. Teisel juhul võite te minna kolmandasse, teise või esimesse taevariiki vastavalt oma usumõõdule. Vaevu pääsenud võivad minna paradiisi.

Kas tõesti on olemas Taevas ja Põrgu?

Päästmata hingede ja kurjad vaimude asupaika kutsutake ka „alumiseks hauaks," „tulejärveks," „põlevaks väävlijärveks" või „sügavikuks (põhjatuks süvikuks)." Nii nagu Taevas jaotub paljudeks kohtadeks, jaotub ka põrgu paljudeks kohtadeks, kuna iga hinge asukoht erineb teiste omadest, vastavalt nende selles maailmas tehtud kurjade tegude määrale.

(Uus Jeruusalemm / Kolmas taevas / Teine taevas / Esimene taevas / Paradiis / Ülahaud / Kuristik)

(Alahaud (Hades) / Tulejärv / Põlev väävlijärv (väävel) / Sügavik (Põhjatu auk))

Taeva ja põrgu ülesehitus

Selleks, et Taeva ja põrgu ülesehitust paremini mõista, kujutage ette teemandi kuju ($\Diamond$). Seda kujutist poolitades saame me kolmnurga ($\triangle$) ja alaspidise kolmnurga ($\triangledown$). Oletame, et ülespidine kolmnurk kujutab Taevast ja alaspidine kolmnurk põrgut.

Ülespidise kolmnurga kõrgeim osa vastab Uuele Jeruusalemmale ja selle alaosa vastab ülemisele hauale. Teiste sõnadega, ülemise haua kohal asuvad paradiis, esimene taevariik, teine taevariik, kolmas taevariik ja Uus Jeruusalemm. Kuid te ei peaks erinevaid taevariike võtma nagu selle maailma hoonete esimest, teist ja kolmandat korrust. Vaimumaailmas on võimatu tõmmata jooni maa eraldamiseks, nii nagu selles maailmas maavalduste kuju määratlemiseks tehakse. Ma selgitan seda niimoodi vaid, et lihas elavad inimesed mõistaksid Taevast ja põrgut selgemalt.

Ülemise kolmnurga tipp tähistab Uut Jeruusalemma, kuid selle alumine osa tähistab ülemist hauda. Teiste sõnadega, kolmnurgas ülespoole liikudes leiame end paremast taevariigist.

Teisel kujutisel vastab alumisele hauale kõige kõrgem ja laiem osa. Mida lähemale alumisele osale liikuda, seda sügavama põrgu osa lähedusse jõuab; alumine haud, tulejärv, väävlijärv ja sügavik. Sügavik, mida mainitakse Luuka evangeeliumis ja Johannese ilmutuses, tähistab põrgu sügavaimat osa.

Ülemises kolmnurgas muutub ala väiksemaks kui liikuda altpoolt üles – paradiisist Uude Jeruusalemma. See kuju näitab, et Uude Jeruusalemma minejate arv on suhteliselt väike, võrreldes paradiisi või esimesse või teise taevariiki minevate inimeste arvuga. See on nii, kuna vaid need, kes saavutavad Isa Jumala südant järgides oma südame pühitsemise teel pühaduse ja täiuslikkuse, võivad minna Uude Jeruusalemma.

Nii nagu tagurpidisest kolmnurgast näha võib, läheb põrgu sügavamasse osasse võrdlemisi vähem inimesi, kuna vaid need, kelle südametunnistus on tulise rauaga põletatud ja kes on teinud kõige suuremat kurja, heidetakse sinna kohta. Suurem hulk inimesi, kes teevad suhteliselt kergekaalulisi patte, läheb põrgu ülemisse, avaramasse osasse.

Seega, Taevast ja põrgut võib ette kujutada teemandikujulisena. Kuigi te ei peaks sellest järeldama, otsekui Taevas oleks ülespidise suunaga kolmnurga ja põrgu alaspidise suunaga kolmnurga kujuline.

Suur kuristik Taeva ja põrgu vahel

Ülemise kolmnurga – Taeva – ja alaspidise kolmnurga – põrgu vahel on suur lõhe. Taevas ja põrgu ei asu külg-külje kõrval, vaid on teineteisest mõõtmatult kaugel.

Jumal on pannud nende vahele nii selge piiri, et Taevas ja põrgus olevad hinged ei saaks Taeva ja põrgu vahel edasi-tagasi liikuda. Üksnes Jumala nõusolekul saadud väga erilisel juhul on võimalik teineteist näha ja rääkida, nii nagu juhtus rikka mehe ja Aabrahamiga.

Kahe sümmeetrilise kolmnurga vahel on suur lõhe. Inimesed ei saa Taevast põrgusse ja tagasi ega põrgust Taevasse ja tagasi liikuda. Sellegipoolest võivad Taeva ja põrgu inimesed Jumala loal kaugusest hoolimata üksteist vaimus näha, kuulda ja rääkida.

Võib-olla te suudate seda lihtsalt mõista, kui te mäletate, kuidas me suudame teaduse ja tehnoloogia kiire progressi ja arengu tõttu või isegi satelliitide kaudu ekraanil teineteist nähes rääkida inimestega maa teisel poolel.

Isegi kui Taeva ja põrgu vahel haigutab sügav kuristik, võis rikas mees Laatsarust Aabrahami küljel puhkamas näha ja Aabrahamiga Jumala loal vaimus rääkida.

4. Ülemine haud ja paradiis

Täpsemalt öeldes ei ole ülemine haud osa Taevast, kuid seda võib pidada Taevasse kuuluvaks, kuna aga alumine haud on osa põrgust. Ülemise haua osatähtsus on Vana Testamendi ajast Uue Testamendi aega jõudes muutunud.

Ülemine haud Vana Testamendi ajal

Vana Testamendi ajal ootasid päästetud hinged ülemises hauas. Usuisa Aabraham valitses ülemist hauda ja seepärast mainitaksegi Piiblis, et Laatsarus oli Aabrahami rüpes.

Kuigi, alates Isanda Jeesuse Kristuse ülestõusmisest ja taevasseminekust, ei ole päästetud hinged enam Aabrahami rüpes, vaid nad viiakse edasi paradiisi, kus nad on Isanda rüpes. Tollepärast ütles Jeesus ristiloleku ajal ühele meelt parandanud ja Jeesuse oma Päästjaks võtnud röövlile Luuka 23:43: *„Tõesti, ma ütlen sulle, juba täna oled sa koos minuga paradiisis.“*

Kas Jeesus läks kohe pärast ristilöömist paradiisi? 1. Peetruse 3:18-19 räägitakse, et: *„Sest ka Kristus kannatas pattude pärast üheainsa korra, õige ülekohtuste eest, et Ta teid juhiks Jumala juurde, olles küll ihu poolest surmatud, ent elustatud vaimu läbi, kelles Ta läks ja kuulutas vangis olevaile vaimudele.“* Sellest salmist võib näha, et Jeesus kuulutas evangeeliumi kõigile pääsevatele hingedele, kes ootasid ülemises hauas. Ma räägin sellest lähemalt 2. peatükis.

Jeesus, kes kuulutas kolm päeva ülemises hauas evangeeliumi, tõi pääsevad hinged paradiisi, kui Ta ellu äratati ja Ta Taevasse läks. Täna valmistab Jeesus meie jaoks Taevas eluaset, nii nagu Ta ütles: „Ma lähen teile aset valmistama" (Johannese 14:2).

Paradiis Uue Testamendi ajal

Päästetud hinged ei ole kauem ülemises hauas, pärast seda kui Jeesus avas pääsemise ukse. Nad viibivad inimarengu lõpuni paradiisi äärealas, Taeva ootekohas. Ja pärast Suure valge trooni kohtumõistmist läheb igaüks oma kohta Taevas, vastavalt igaühe usumõõdule ja elab seal igavesest ajast igavesti.

Kõik päästetud hinged ootavad Uue Testamendi ajal paradiisis. Mõned võivad imeks panna, kuidas nii paljud inimesed võivad elada paradiisis, kuna Aadama ajast alates on sündinud väga palju inimesi. „Pastor Lee! Kuidas on võimalik, et paradiisis elab nii palju inimesi? Ma arvan, et see ei pruugi olla nii suur, et kõik inimesed mahuksid sinna koos elama, isegi kui see on avar."

Päikesesüsteem, kuhu maa kuulub, on galaktikate süsteemiga võrreldes tilluke laik. Kas te suudate ette kujutada galaktikate süsteemi suurust? Kuigi galaktikad on pelk täpe, kui neid terve universumiga võrrelda. Kas te suudate siis ette kujutada kogu universumi suurust?

Lisaks on meie eluasemeks olev hiigelsuur universum vaid üks arvukatest universumitest ja kogu universumi tohutu suurus on meie ettekujutamisvõimega hoomamatu. Seega, kui teil on võimatu hoomata füüsiliste universumite tohutut suurust, siis kuidas te võiksite taibata vaimumaailmas oleva Taeva tohutut suurust?

Paradiis on tohutult suur ja seda ei ole võimalik ette kujutada.

See on mõõtmatult kaugel paradiisi äärel asuva esimese taevariigi lähimast paigast. Kas te nüüd suudate ette kujutada, kuivõrd tohutusuur on üksnes paradiis?

Hinged saavad paradiisis vaimseid teadmisi

Kuigi paradiis on Taevale eelnev ootekoht, ei ole see kitsas ega igav koht. See on nii ilus, et seda ei saa võrrelda selle maailma kõige hämmastava maastikuga.

Paradiisis ootavad hinged saavad mõnede prohvetite käest vaimseid teadmisi. Nad õpivad tundma Jumalat ja Taevast, vaimseid seadusi ja muid vajalikke vaimseid teadmisi. Vaimsetel teadmistel ei ole piiri. Seal õppimine erineb täiesti selle maailma õpingutest. See pole raske ega igav. Mida rohkem seal õpitakse, seda rohkem saadakse armu ja rõõmu.

Puhta ja õrna südamega inimesed võivad ka selles maailmas olles Jumalaga suhtlemise teel saada väga palju vaimseid teadmisi. Palju asju võidakse mõista ka Püha Vaimu sisenduse kaudu, kui asju näha vaimusilmade läbi. Te võite kogeda Jumala vaimset väge ka selles maailmas, kuna te mõistate usku puudutavaid vaimseid seadusi ja Jumala vastuseid teie palvetele sel määral, et te lõikate oma südame ümber.

Kuivõrd õnnelik ja täiesti rahul te olete, kui te saate selles maailmas elades teada vaimseid asju ja kogete neid? Kujutage ette kuivõrd palju õnnelikum ja rõõmsam te olete, kui te saate Taevasse kuuluvas paradiisis sügavamaid vaimseid teadmisi.

Kus siis need prohvetid elavad? Kas nad elavad paradiisis?

Ei. Uude Jeruusalemma mineku tingimustele vastavad hinged ei oota paradiisis, vaid Uues Jeruusalemmas, kus nad aitavad Jumalat Tema töös.

Aabraham hoolitses enne Jeesuse ristilöömist ülemise haua eest. Kuid Aabraham läks pärast Jeesuse ülestõusmist ja taevasseminekut Uude Jeruusalemma, kuna ta ülemise haua eest hoolitsemise kohustus lõppes. Kus siis olid Mooses ja Elija, kui Aabraham oli ülemises hauas? Nad ei olnud paradiisis, vaid nad viibisid juba Uues Jeruusalemmas, sest nad vastasid Uude Jeruusalemma mineku tingimustele (Matteuse 17:1-3).

Ülemine haud Uue Testamendi ajal

Te võite näha filmi, kus inimese füüsilise ihuga sarnanev inimhing eraldub ihust surma järgselt ja järgneb kas Taeva inglitele või põrgu sõnumitoojatele. Tegelikult juhatavad kaks valgetes rüüdes inglit päästetud hinge pärast surmahetke järgset ihust eemaldumist Taevasse. Inimene, kes seda teab või selle kohta teada saab, ei tunne end vapustatult ka siis kui ta hing surma järgselt ihust eraldub. Aga inimene, kes selle kohta midagi ei tea, on vapustatud, kui ta näeb oma ihust eraldumas teist isikut, kes näeb täpselt tema moodi välja.

Füüsilisest ihust eraldunud hing tunneb end esialgu väga võõralt ja imelikult. Hinge olek erineb eelnevast väga palju, kuna nüüd kogeb hing hiigelsuuri muudatusi pärast kolmemõõtmelises maailmas elamist neljamõõtmelisse üleminekut.

Eraldunud hing ei tunne ihu raskust ja võiks tunda kiusatust ringi tiirutada, kuna ihu tundub väga kerge olevat. Sellepärast on vaja veidi aega, et õppida vaimumaailmas kohanemiseks teatud põhiasju. Seega, Uue Testamendi ajal päästetud hinged viibivad esialgselt, enne paradiisi minekut, ülemises hauas, kus nad kohanevad vaimumaailmaga.

5. Alumine haud, ootekoht teel põrgusse

Põrgu ülaosas on alumine haud. Põrgus allapoole liikudes tulevad tulejärv, põlev väävlijärv ja sügavik, põrgu sügavaim osa. Aegade algusest päästmata hinged ei viibi veel põrgus, vaid nad on ikka veel alumises hauas.

Paljud inimesed väidavad, et nad on viibinud põrgus. Ma võin öelda, et tegelikult nägid nad alumise haua piinapilte. See on nii, kuna päästmata hinged on vastavalt oma pattude ja kurjuse raskusastmele alumise haua erinevatesse osadesse kinni pandud ja lõpuks visatakse nad pärast suure valge trooni kohtumõistmist kas tulejärve või põlevasse väävlijärve.

Päästmata hingede kannatused alumises hauas

Luuka 16:24 kirjeldab hästi alumises hauas oleva päästmata rikka mehe kannatusi. Rikas mees palus piinades olles veidi vett ja ütles: *„Isa Aabraham, halasta minu peale ja saada Laatsarus, et ta kastaks oma sõrmeotsa vette ja jahutaks mu keelt, sest ma tunnen suurt valu selles leegis!"*

Kuidas oleks võimalik, et hinged ei tunneks õudust ja ei väriseks verdtarretava hirmu tõttu, kuna neid piinatakse pidevalt

Kas tõesti on olemas Taevas ja Põrgu?

teiste inimeste agoonia taustal põrgu maatasa tegevas tules, kus neil puudub igasugune lootus, kus nende uss ei sure ja tuli ei kustu? Jõhkrad põrgu sõnumitoojad piinavad hingesid alumise haua pilkases pimeduses. Kogu see koht on ümbritsetud verest ja lehkab hirmsalt kõdunevate surnukehade tõttu, seetõttu on väga raske isegi hingata. Kuid põrgukaristust ei saa võrreldagi alumise haua karistusega.

3. peatükist edasi arutlen ma üksikasjalikult ja toon konkreetsed näited selle kohta, kui õudne koht on alumine haud ja missugused talumatud karistused on tulejärves ja põlevas väävlijärves.

Päästmata hinged tunnevad alumises hauas suurt kahetsust

Luuka 16:27-30 ei uskunud rikas mees põrgu olemasolu, kuid ta sai oma rumalusest teadlikuks ja tundis kahetsust teda surma järgselt tabanud tules viibides. Rikas mees palus, et Aabraham saadaks Laatsaruse ta vendade juurde, et nad ei läheks põrgusse.

„Ma palun siis sind, isa, et sa saadaksid Laatsaruse mu isakotta, sest mul on viis venda, et ta hoiataks neid, et nemadki ei satuks siia piinapaika!" Kuid *Aabraham ütles: „Neil on Mooses ja Prohvetid, kuulaku nad neid!" Ent tema ütles: „Ei sugugi, isa Aabraham, vaid kui keegi surnuist nende juurde läheks, siis nad parandaksid meelt!"*

Mida rikas mees ütleks oma vendadele, kui tal oleks võimalik nendega ise rääkida? Ta ütleks neile kindlasti: „Ma tean täiesti kindlalt, et põrgu on olemas, palun elage Jumala Sõna alusel ja ärge sattuge põrgusse, sest põrgu on õudusttekitav hirmus koht." Rikas mees tahtis siiralt oma vendi põrgusse tulekust päästa, isegi kui ta ise piinles lõpmatu valu käes ja kannatas ja tal oli kahtlemata suhteliselt hea süda. Kuidas on siis lood tänapäeva inimestega?

Ükskord näitas Jumal abielupaari, kes piinles põrgus, sest nad olid Jumala hüljanud ja kogudusest lahkunud. Põrgus nad süüdistasid, needsid ja vihkasid teineteist ja tahtsid, et teine neist tunneks veel suuremat valu.

Rikas mees tahtis, et tema vennad saaksid päästetud, kuna ta südames oli mõnevõrra headust. Kuid te peaksite meeles pidama, et rikas mees läks sellest hoolimata põrgusse. Te peate ka meeles pidama, et te ei saa päästetud üksnes selle läbi kui te ütlete: „Ma usun."

Inimese osaks on surra ja minna surmajärgselt kas Taevasse või põrgusse. Seega, te ei peaks olema rumal, vaid saama tõeliseks usklikuks.

Tark valmistub eluks pärast surma

Targad valmistuvad tõesti eluks pärast surma, kuna suurem osa inimesi teeb nii kirglikult tööd, et saavutada ja rajada selles maailmas au, võimu, rikkust, küllust ja pikka iga.

Targad koguvad rikkust Taevasse, vastavalt Jumala Sõnale, sest nad teavad väga hästi, et nad ei saa hauda midagi kaasa võtta.

Kas tõesti on olemas Taevas ja Põrgu?

Ehk olete te kuulnud, kuidas mõned tunnistavad, et nad ei näinud Taevast külastades seal oma majasid, kuigi neil oli eeldatavalt Jumalasse usk ja nad juhatasid inimesi Kristuse juurde. Teil võib olla Taevas suur ilus maja, kui te kogute usinalt oma rikkust Taevasse ja elate selles maailmas Jumala kalli lapsena! Te olete tõesti õnnistatud ja tark, sest te näete vaeva, et teil oleks ja teis püsiks kindel usk, et te võiksite minna ilusasse Taevasse ja kuna te kogute usu läbi usinalt oma taevast tasu ja valmistate end väga varsti naasva Isanda mõrsjaks.

Pärast surma ei saa inimene oma elu enam uuesti elada. Seega, palun omage usku ja teadke, et Taevas ja põrgu on olemas. Lisaks peaksite te kuulutama igaühele, kellega te selles elus kohtute, Taeva ja põrgu kohta, teades et päästmata hinged tunnevad põrgus suurt piina. Kujutage ette, kui head meelt te Jumalale valmistate!

Need, kes kuulutavad kõiki inimesi pääsemise teele juhatada sooviva Jumala armastust, on õnnistatud selles elus ja nad säravad nagu päike taevas.

Ma loodan, et te usute elavat Jumalat, kes mõistab kohut ja tasub teile ja püüate saada Jumala tõeliseks lapseks. Ma palun Isanda nimel, et te juhataksite võimalikult palju inimesi tagasi Jumala juurde ja pääsemisele ning valmistaksite Jumalale head meelt.

2. Peatükk

Pääsemise tee neile, kes ei ole kunagi evangeeliumi kuulnud

1. Südametunnistuse kohus
2. Abordi või nurisünnituse tõttu sündimata lapsed
3. Lapsed sünnist kuni viie aastani
4. Lapsed kuuendast eluaastast teismeliseeani
5. Kas Aadam ja Eeva olid päästetud?
6. Mis juhtus esimese mõrvari Kainiga?

„Kui paganad,
kellel ei ole Moosese Seadust,
ometi loomu poolest täidavad Seaduse sätteid,
siis ilma Seaduseta olles on nad ise enesele seaduseks,
näidates seega, et seadusepärane tegutsemine
on kirjutatud nende südamesse; ühtlasi tõendavad seda
ka nende südametunnistus ja nende mõtted,
mis järgemööda kas süüdistavad või vabandavad neid."
- Roomlastele 2:14-15 -

„Ja Isand ütles temale: „Ei, sugugi mitte, vaid igaühele,
kes Kaini tapab, peab seitsmekordselt kätte makstama!"
Ja Isand pani Kainile märgi,
et leidja teda maha ei lööks."
- 1. Moosese 4:15 -

Pääsemise tee neile, kes ei ole kunagi evangeeliumi kuulnud

Jumal tõendas oma armastust meie vastu sellega, et Ta lasi oma ainsa Poja Jeesuse Kristuse kõigi inimeste päästmiseks risti lüüa.

Vanemad armastavad oma väikeseid lapsi, kuid nad tahavad, et nende lapsed saaksid piisavalt täiskasvanuks, et nad mõistaksid vanemate südant ja jagaksid nende rõõmu ja valu.

Samuti tahab Jumal, et kõik inimesed pääseksid. Jumal tahab ka, et Ta lapsed saaksid usus täiskasvanuks ja tunneksid Isa Jumala südant ning jagaksid Ta sügavat armastust. Sellepärast kirjutab apostel Paulus 1. Timoteosele 2:4, et Jumal tahab, et kõik inimesed pääseksid ja tuleksid tõe tundmisele.

Te peaksite teadma, et Jumal näitab põrgut ja vaimumaailma üksikasjalikult, sest Jumal tahab oma armastuses, et kõik inimesed pääseksid ja saaksid usus täiskasvanuks.

Selles peatükis selgitan ma üksikasjalikult, kas surnutel, kes ei teadnud Jeesusest Kristusest midagi, on võimalik pääseda.

1. Südametunnistuse kohus

Paljud inimesed, kes ei usu Jumalat, tunnistavad vähemalt Taeva ja põrgu olemasolu, aga nad ei saa Taevasse minna lihtsalt seetõttu, et nad tunnistavad Taevast ja põrgut.

Nii nagu Jeesus ütles Johannese 14:6: *„Mina olen tee ja tõde ja elu. Ükski ei saa minna Isa juurde muidu kui minu kaudu,"* te võite saada päästetud ja Taevasse minna vaid Jeesuse Kristuse kaudu.

Kuidas siis saadakse päästetud? Apostel Paulus näitab meile tegeliku pääsemise teed Roomlastele 10:9-10:

> *Kui sa oma suuga tunnistad, et Jeesus on Isand, ja oma südames usud, et Jumal on Ta üles äratanud surnuist, siis sind päästetakse, sest südamega usutakse õiguseks, suuga aga tunnistatakse päästeks.*

Oletame, et on inimesi, kes ei tea midagi Jeesuse Kristuse kohta. Selle tulemusel nad ei tunnista: „Jeesus on Isand." Samuti nad ei usu oma südames Jeesust Kristust. Kas siis on tõde, et keegi nende seast ei saa päästetud?

Enne Jeesuse maa peale tulekut elas palju inimesi. Ka Uue Testamendi ajal elas inimesi, kes surid evangeeliumi kuulmata. Kas need inimesed võivad saada päästetud?

Milline saatus tabab neid inimesi, kes surid nii vara, et nad ei saanud täiskasvanuks ega piisavalt targaks, et usku ära tunda? Mis saab sündimata lastest, kes surid abordi või iseenesliku abordi tõttu? Kas nad peavad ilmtingimata põrgusse minema, kuna nad ei uskunud Jeesust Kristust? Ei, see pole nii.

Armastuse Jumal avab oma õigluses igaühele pääsemise ukse „südametunnistuse kohtu" kaudu.

Need, kes otsisid Jumalat ja elasid hea südametunnistusega

Roomlastele 1:20 kuulutatakse, et *„Tema nähtamatu olemus, Tema jäädav vägi ja jumalikkus on ju maailma loomisest peale nähtav, kui mõeldakse Tema tehtule, nii et nad ei saa endid*

Pääsemise tee neile, kes ei ole kunagi evangeeliumi kuulnud

vabandada." Sellepärast usuvad hea südamega inimesed Jumala tehtut nähes Tema olemasolu.

Koguja 3:11 öeldakse, et Jumal pani inimeste südamesse igaviku. Seega head inimesed otsivad loomuomaselt Jumalat ja omavad ähmast usku elusse pärast surma. Headel inimestel on aukartus taevaste ees ja nad püüavad elada head ja õiglast elu, isegi kui nad pole kunagi evangeeliumi kuulnud. Seega nad elavad mingil määral oma jumalate tahte kohaselt. Kui nad vaid oleksid evangeeliumi kuulnud, oleksid nad Isanda kindasti vastu võtnud ja Taevasse läinud.

Just sel põhjusel lasi Jumal headel hingedel Jeesuse ristisurmani neid Taevasse viival teel ülemises hauas viibida. Pärast Jeesuse ristilöömist juhatas Jumal nad Jeesuse vere läbi pääsemisele, lastes neil evangeeliumi kuulda.

Ülemises hauas evangeeliumi kuulmine

Piiblis räägitakse, et Jeesus kuulutas pärast ristisurma ülemises hauas evangeeliumi.

Nii nagu märgitakse 1. Peetruse 3:18-19: *„Sest ka Kristus kannatas pattude pärast üheainsa korra, õige ülekohtuste eest, et Ta teid juhiks Jumala juurde, olles küll ihu poolest surmatud, ent elustatud vaimu läbi, kelles Ta läks ja kuulutas vangis olevaile vaimudele,"* Jeesus kuulutas evangeeliumi ülemises hauas asuvatele hingedele, et nemadki võiksid Tema vere läbi pääseda.

Pärast evangeeliumi kuulmist said inimesed, kes ei olnud kunagi elus evangeeliumi kuulnud, lõpuks võimaluse teada, kes oli Jeesus Kristus ja pääseda.

Jumal ei ole andnud inimeste pääsemiseks juhatamiseks peale Jeesuse Kristuse nime ühtegi teist nime (Apostlite teod 4:12).

Isegi Uue Testamendi ajal pääsevad need, kellel ei olnud evangeeliumi kuulmise võimalust, südametunnistuse kohtu kaudu. Nad viibivad kolm päeva ülemises hauas, kus nad kuulevad evangeeliumi ja lähevad Taevasse.

Musta südametunnistusega inimesed ei otsi Jumalat kunagi ja elavad patus ning rahuldavad oma kirgesid. Nad ei usuks evangeeliumi ka siis, kui nad seda kuuleksid. Pärast surma saadetakse nad alumisse hauda, kus nad elavad karistust kandes ja lõpuks lähevad nad pärast suure valge trooni kohut põrgusse.

Südametunnistuse kohus

Inimesel on võimatu teise inimese südametunnistuse üle täpselt kohut mõista, sest inimesena ei saa ta teiste südametunnistust täpelt teada. Aga kõikvõimas Jumal võib tajuda igaühe südant ja selle üle õiglast kohut mõista.

Roomlastele 2:14-15 selgitatakse südametunnistuse kohut. Head inimesed teavad, mis on hea ja mis on halb, sest nende südametunnistus laseb neil teada käsuseaduse käske.

Kui paganad, kellel ei ole Moosese Seadust, ometi loomu poolest täidavad Seaduse sätteid, siis ilma Seaduseta olles on nad ise enesele seaduseks, näidates seega, et seadusepärane tegutsemine on kirjutatud nende südamesse; ühtlasi tõendavad seda ka nende

Pääsemise tee neile, kes ei ole kunagi evangeeliumi kuulnud

südametunnistus ja nende mõtted, mis järgemööda kas süüdistavad või vabandavad neid.

Seega, head inimesed ei järgi kurja teed, vaid nad järgivad oma elus headuse teed. Sellest tulenevalt viibivad nad südametunnistuse kohtu kohaselt kolm päeva ülemises hauas ja kuulevad selle aja jooksul evangeeliumi ning saavad päästetud.

Admiral Soonshin Leed* võib pidada hea südametunnistusega elanud inimese näiteks (*toimetaja märkus: Admiral Lee oli Korea Chosuni dünastia mereväejõudude ülemjuht kuueteistkümnendal sajandil). Admiral Lee elas tões, isegi kui ta ei teadnud midagi Jeesusest Kristusest. Ta oli alati ustav oma kuningale, oma maale ja inimestele, keda ta kaitses. Ta oli hea ja ustav oma vanemate vastu ja ta armastas oma vendi. Ta ei pidanud kunagi oma huvisid teiste omadest tähtsamaks ja ei taotlenud kunagi au, võimu ega rikkust. Ta üksnes teenis oma lähedasi ja rahvast ja tõi end nende eest ohvriks.

Temas ei leidunud kurjaraasugi. Admiral Lee saadeti maapakku ja kui teda süüdistati vääralt, ta ei esitanud kaebusi ega kavatsenud oma vaenlasele kätte maksta. Ta ei nurisenud kuninga üle ka siis, kui teda pagendusse saatnud kuningas käskis tal lahinguväljal võidelda. Selle asemel ta tänas kuningat kogu südamest, seadis väed taas heasse korda ja võitles lahingutes, riskides oma eluga. Pealegi säästis ta aega, paludes põlvili oma jumalat, kuna ta mõistis jumala olemasolu. Mispärast ei oleks Jumal teda Taevasse viima pidanud?

Südametunnistuse kohtust väljajäänud

Kas evangeeliumi kuulnud, kuid Jumalat mitte uskunud inimeste südametunnistuse üle võidakse kohut mõista? Teie pereliikmed ei kuulu südametunnistuse kohtu alla, kui nad pärast teilt evangeeliumi kuulmist seda vastu ei võtnud. Kui nad hülgasid evangeeliumi, hoolimata paljudest selle kuulmise võimalustest, on õiglane, et nad ei pääse

Sellest hoolimata te peaksite usinalt häid sõnumeid kuulutama, kuna isegi kui inimesed olid piisavalt kurjad, et põrgus lõpetada, te annate neile oma tööga rohkem võimalusi pääsemiseks.

Iga jumalalaps on evangeeliumile tänu võlgu ja tal on kohustus evangeeliumi levitada. Jumal küsitleb teid kohtupäeval, kui te ei kuulutanud evangeeliumi oma perele, kaasa arvatud oma vanemad, õed-vennad ja sugulased ja nii edasi. „Miks te ei kuulutanud evangeeliumi oma vanematele ja vendadele?" „Miks te ei kuulutanud oma lastele evangeeliumi?" „Miks te ei kuulutanud oma sõpradele evangeeliumi?" ja nii edasi.

Seega, kui te tõesti mõistate isegi oma ainsa Poja ohvriks toonud Jumala armastust ja tunnete tõesti meie eest ristisurma surnud Isanda armastust, peaksite te inimestele kogu aeg häid sõnumeid kuulutama.

Hingede päästmisele toomine kustutab risti peal: „Mul on janu" hüüdnud Isanda janu ja kompenseerib Isanda verehinna.

2. Abordi või nurisünnituse tõttu sündimata lapsed

Missugune saatus tabab sündimata lapsi, kes surevad enne oma sündi iseenesliku abordi tõttu? Pärast füüsilist surma on inimhinge osaks minna kas Taevasse või põrgusse, kuna inimolendi vaim ei hävi ka siis, kui ta on nii noor

Vaim antakse viis kuud pärast eostamist

Millal saab loode vaimu? Lootele ei anta vaimu enne kuuendat raseduskuud. Meditsiiniteaduse alusel arenevad lootel viis kuud pärast eostamist kuulmiselundid, silmad ja silmalaud. Suuraju tööd aktiveerivad ajusagarad moodustuvad samuti viis-kuus kuud pärast eostamist.

Kui loode on kuuekuune, antakse sellele vaim ja siis on ta tegelikult inimolendi kujuga. Loode ei lähe enne vaimu saamist iseenesliku abordi korral ei põrgusse ega Taevasse, kuna vaimuta loode on loomaga samal tasemel.

Koguja 3:21 öeldakse: „*Kes teabki, kas inimlaste hing tõuseb ülespoole või kas loomade hing vajub maa alla?*" „Inimlapse hing" („eluõhk" – tõlkija märkus) tähistab siin Jumalalt saadud ja inimvaimuga ühenduses olevat hingust, mis paneb inimest Jumalat otsima ja inimhinge, mis paneb inimest mõtlema ja Jumala Sõnale kuuletuma, kuna „looma hing" tähistab nimelt ainult hinge osa, mis paneb looma mõtlema ja tegutsema.

Loom on surmajärgselt surnud, kuna loomal on ainult hing,

ent vaim puudub. Raseduse jooksul arenenud vähem kui viiekuisel lootel ei ole vaimu. Seega, kui niisugune loode sureb, kustub ta samamoodi nagu loom.

Abort on sama suur patt kui mõrv

Kas siis pole patt teha aborti vähem kui viiekuisele lootele, kuna selles ei ole vaimu? Te ei peaks sooritama loote abortimise pattu, hoolimata ajast, millal loode saab vaimu, pidades meeles seda, et inimelu üle valitseb vaid Jumal.

Laulus 139:15-16 kirjutas laulukirjutaja: *„Mu luud ei olnud varjul sinu eest, kui mind salajas loodi, kui mind maa sügavuses imeliseks kooti. Su silmad nägid mind juba mu eos ja su raamatusse kirjutati kõik päevad, mis olid määratud, ehk küll ühtainustki neist ei olnud olemas."*

Armastuse Jumal tundis igaüht teie seast enne seda kui te emaüsas moodustusite ja Tal olid teie jaoks nii imelised mõtted ja plaanid, et Ta pani need oma Raamatusse kirja. Seepärast ei saa inimolend, kes on pelk Jumala loodu, loote elu üle valitseda isegi siis kui tegu on alla viiekuise lootega.

Loote abortimine on mõrvaga võrdväärne, sest te ületate elu, surma, õnnistuse ja needuse üle valitseva Jumala meelevalla. Pealegi, kuidas te julgete toonitada, et oma poja või tütre tapmine on tähtsusetu patt?

Järgnevad karistus patu eest ja katsumused

Ükskõik missugustes oludes ja hoolimata sellest kui raske teie seis ka poleks, te ei tohiks kunagi üle astuda Jumala ülemvõimust inimelu üle. Pealegi pole õige meelehea pärast oma last abortida. Te peate mõistma, et te lõikate seda, mida te külvate ja maksate tehtu eest.

Palju tõsisem on lugu siis, kui abortida kuuekuine või raseduse hilisemas järgus loode. See on võrdne täiskasvanud inimese tapmisega, sest talle on antud juba vaim.

Abort loob suure patumüüri teie ja Jumala vahele. Selle tulemusel tabab teid vaev, mis tuleb igasugustest katsumustest ja probleemidest. Aegamööda võõrdute te patumüüri tõttu Jumalast, kui te ei lahenda toda patuprobleemi ja lõpuks te võite naasmiseks liiga kaugele minna.

Isegi need, kes ei usu Jumalat, saavad karistuse ja nende üle tulevad igasugused läbikatsumused ja probleemid, kui nad loote tapavad, kuna tegu on mõrvaga. Neid järgivad alati läbikatsumused ja probleemid, kuna Jumal ei saa neid kaitsta ja pöörab neilt oma pale, kui nad ei tõmba patumüüri alla.

Parandage oma pattudest põhjalikult meelt ja tõmmake patumüür alla

Jumal andis oma käsu inimolendeid mitte hukka mõista, vaid ilmutada neile Tema tahet ja juhtida nad meeleparandusele, et nad pääseksid.

Jumal laseb ka teil mõista abordiga seotud asju, et te ei teeks pattu ja võiksite minevikus tehtud pattude pärast meelt parandades patumüüri hävitada.

Kui te olete minevikus oma lapse abordi teel surmanud,

parandage kindlasti põhjalikult sellest meelt ja tõmmake rahuohvri toomisega patumüür alla. Siis kaovad läbikatsumised ja probleemid, sest Jumal ei mäleta enam teie patte.

Patu tõsidus erineb iga juhtumi puhul, kui laps abordiga surmatakse. Näiteks, kui te surmasite oma lapse abordiga, kuna te jäite vägistamise tulemusena rasedaks, on teie patt suhteliselt kerge. Kui abielupaar tegi soovimatu lapse tõttu abordi, on nende patt tõsisem.

Kui te ei taha last erinevate põhjuste tõttu, peaksite te oma üsas oleva lapse palves Jumala kätesse andma. Sel juhul peaksite te lapse sünnitama, kui Jumal ei tegutse teie palvega kooskõlas.

Suurem osa aborditud lastest pääsevad, kuid on ka erandeid

Kuus kuud pärast eostamist ei suuda loode oma tahtega midagi mõistlikult mõtelda, mõista ega uskuda, kuigi talle on antud vaim. Seega, Jumal päästab suurema osa loodetest, kes sel ajal surevad, hoolimata nende või nende vanemate usust.

Pange tähele, et ma ütlesin „suurema osa" ja mitte „kõik" looted, sest harvadel juhtudel ei saa loode pääseda.

Loode võib pärida kurja loomuse eostamise hetkest, kui tema vanemad või esivanemad võitlesid väga Jumala vastu ja neisse kogunes väga palju kurjust. Sel juhul loode ei pääse.

Näiteks võib tegu olla maagi lapsega või teisi inimesi üksnes needunud ja neile halba soovinud inimeste lapsega nagu näiteks Korea ajaloos esinenud Hee-bin Jang* (*toimetaja märkus: preili Jang oli kuningas Sook-jongi liignaine seitsmeteistkümnenda sajandi lõpus, kes needis kadedusest kuningannat). Ta needis oma võistlejat, torgates äärmisest kadedusest konkurendi portree nooltega läbi. Niisuguste kurjade vanemate lapsed ei saa päästetud, sest nad pärivad oma vanemate kurja loomuse.

Ka nende hulgas, kes väidavad end uskuvat, on äärmiselt kurje inimesi. Niisugused inimesed seisavad Püha Vaimu tööle vastu, langetavad valesid hinnanguid, mõistavad hukka ja takistavad Ta tööd. Nad püüavad kadedusest ka tappa inimest, kes austab Jumala nime. Kui niisuguste vanemate lapsed surevad iseenesliku abordi teel, ei saa nad päästetud.

Kui niisugused harvad juhtumid välja arvata, pääseb enamik sündimata lastest. Kuid nad ei saa Taevasse ega isegi paradiisi minna, sest nad ei kasvanud maa peal üldsegi. Nad elavad ülemises hauas ka pärast suure valge trooni kohut.

Igavene koht päästetud sündimata imikute jaoks

Kuuekuiselt või hilisemas raseduse etapis abordidud looted, kes on ülemises hauas, on nagu tühjad paberilehed, kuna nad ei kasvanud maa peal. Seega jäävad nad ülemisse hauda ja saavad oma hingede jaoks sobiva ihu ülestõusmise ajal.

Nad saavad ihu, mis muutub ja kasvavad erinevalt teistest päästetud inimestest, kes võtavad vaimse igavese ihu. Seega, isegi kui nad on esialgu lapse olekus ja lapse kujuga, kasvavad nad, kuni nad jõuavad õigesse arenguetappi.

Isegi kui need lapsed kasvavad suureks, jäävad nad ülemisse hauda, kus nende hing täitub tõetunnetusega. Sellest saab lihtsalt aru, kui mõelda Aadama esialgsele olekule Eedeni aias ja tema õppimise ajale.

Aadam koosnes vaimust, hingest ja ihust, kui ta elusolendiks loodi. Kuigi ta ihu erines vaimsest ülestõusnud ihust ja tema hing oli vastsündinud imiku sarnaselt eluvõõras. Seega sai Aadam Jumalalt vaimsed teadmised kui ta käis Jumalaga päris pika ajavahemiku jooksul.

Te peaksite teadma, et Eedeni aias loodud Aadamas puudus igasugune kurjus, kuid ülemises hauas olevad hinged ei ole Aadama sarnaselt head, sest nad pärisid sugupõlvede jooksul toimunud inimarengu käigus oma vanemate patuloomuse.

Aadama pattulangemise järgselt pärisid kõik ta järglased oma vanemate algse patu.

3. Lapsed sünnist kui viie aastani

Kuidas võivad kuni viieaastased lapsed, kes ei oska hea ja halva vahel vahet teha ja ei tunne veel usku ära, saada päästetud? Selles vanuses laste pääsemine sõltub nende vanemate usust – eriti nende ema usust.

Laps võib saada päästetud kui lapsevanematel on usk pääsemisse ja nad kasvatavad oma last usus (1. Korintlastele 7:14). Sellegipoolest ei ole tõde, et laps ei võiks saada tingimusteta päästetud lihtsalt seetõttu, et lapsevanematel puudub usk.

Selles võib taas kogeda Jumala armastust. 1. Moosese raamatu 25. peatükis näidatakse meile, et Jumal teadis juba siis kui Jaakob ja Eesav võitlesid emaüsas, et Jaakob saab oma vanemast vennast

Eesavist suuremaks. Kõikteadja Jumal juhatab kõik enne viiendat eluaastat surnud lapsed südametunnistuse kohtu kohaselt pääsemisele. See on võimalik, sest Jumal teab, kas need lapsed võtaksid juhul kui neil oleks võimalus kauem elada, oma elus hiljem evangeeliumi kuuldes Isanda vastu.

Aga lapsed, kelle vanematel puudub usk ja kes ei läbi südametunnistuse kohut, lähevad samuti vältimatult põrgusse kuuluvasse alumisse hauda, kus neid piinatakse.

Südametunnistuse kohus ja vanemate usk

Sel moel sõltub laste pääsemine suuresti nende vanemate usust. Seega peavad vanemad oma lapsi Jumala tahte kohaselt kasvatama, et nende lapsed põrgus ei lõpetaks.

Kaua aega tagasi oli üks lastetu abielupaar, nad said lapse ja pühendasid ta palves Jumalale. Kuid laps suri enneaegselt liiklusavariis.

Ma võisin näha, et lapse surma põhjus oli palvega seotud. Lapsevanemad muutusid usus külmaks ja elasid Jumalast väga kaugel. Laps ei saanud koguduse lasteaias käia, sest ta vanemad andusid maailmalikule eluviisile. Selle kohaselt hakkas laps Jumala kiitmise asemel ilmalikke laule laulma.

Sel ajal oli lapsel usk pääsemiseks, kuid ta ei oleks päästetud saanud, kui ta oleks oma vanemate mõjualusena kasvanud. Selles olukorras kutsus Jumal liiklusavarii kaudu lapse igavesse ellu ja andis vanematele meeleparanduseks võimaluse. Kui vanemad oleksid meelt parandanud ja Jumala juurde naasnud ilma oma lapse vägivaldset surma nägemata, ei oleks Ta neid meetmeid kasutama pidanud.

Vanemate vastutus laste vaimse kasvu eest

Vanemate usk mõjutab otseselt nende laste pääsemist. Laste usk ei saa hästi kasvada, kui nende vanemad ei tunne muret laste vaimse kasvu pärast ja jätavad oma lapsed vaid pühapäevakooli hooleks.

Vanemad peavad oma laste eest palvetama ja kontrollima, et nad ülistaksid Jumalat alati vaimu ja tõese südamega ja õpetama neid elama kodus palveelu, olles neile heaks eeskujuks.

Ma õhutan kõiki vanemaid usus ärksad olema ja oma armastatud lapsi Isandas kasvatama. Ma õnnistan teid, et te pere võiks ühiselt igavesti Taevas elada.

4. Lapsed kuuendast eluaastast teismeliseeani

Kuidas võivad kuuendast eluaastast kuni umbes kaheteistkümne aasta vanused teismeliseeani jõudnud lapsed pääseda?

Need lapsed võivad evangeeliumi kuuldes seda mõista ja nad võivad samuti oma tahte ja mõtetega otsustada, mida uskuda, mitte täielikult, vaid vähemalt teatud määral.

Siin kehtestatud laste vanus võib muidugi erineda iga lapse puhul, sest iga laps kasvab, areneb ja saab täiskasvanuks erineva kiirusega. Siinjuures on tähtis see, et tavaliselt suudavad lapsed selles vanuses oma tahte ja mõtetega Jumalat uskuda.

Laste usuga, hoolimata nende vanemate usust

Kuuendast kuni kaheteistkümne aasta vanuste laste arusaamine on usu kasuks otsustamiseks piisavalt hea. Seega nad võivad pääseda oma usu kaudu, hoolimata oma vanemate usust. Teie lapsed võivad seega minna põrgusse vaid siis, kui te neid usus ei kasvata, isegi kui teil endil võib olla tugev usk. On lapsi, kelle vanemad ei ole usklikud. Sellistel juhtudel on lastel raskem pääseda.

Ma tegin vahet teismeliseeast nooremate ja teismeliseealiste laste pääsemisel sellepärast, et esimesele rühmale rakendub Jumala rohke ja ülevoolav armastus ning südametunnistuse kohus.

Jumal võib anda nendele lastele uue pääsemise võimaluse, sest selles vanuses lapsed ei suuda oma tahte ja mõtetega täielikult otsuseid langetada, kuna nad on ikka oma vanemate mõjualused.

Head lapsed võtavad evangeeliumi kuuldes Isanda vastu ja saavad Püha Vaimu. Nad käivad ka koguduses, kuid ei saa oma ebajumalaid kummardavate vanemate tõsise tagakiusu tõttu seda hiljem enam teha. Kuid teismeliseea alguses võivad nad vanemate kavatsustest hoolimata oma tahtega õige ja vale vahel valida. Kui nad tõesti Jumalat usuvad, võivad nad oma usku hoida, hoolimata oma vanemate vastuseisu ja tagakiusu suurusest.

Oletame, et laps, kellel oleks võinud olla tugev usk, kui ta oleks kauem elada saanud, sureb noorelt. Mis siis temaga juhtub? Jumal viib ta pääsemisele südametunnistuse kohtu seaduse kaudu, sest Ta teab lapse südame sügavusi.

Aga kui laps ei võta Isandat vastu ja ei läbi südametunnistuse kohut, ei ole tal enam võimalust ja ta lõpetab paratamatult põrgus. Pealegi on arusaadav, et teismeliseeast vanemate inimeste pääsemine sõltub üksnes nende usust.

Halvas keskkonnas sündinud lapsed

Lihtsalt loogilisi ja kindlaid otsuseid teha mitte oskava lapse pääsemine sõltub suuresti vanemate ja esivanemate (looduse, energia või jõu-) vaimudest.

Laps võib oma esivanemate kurjuse ja ebajumalakummardamise tõttu sündida vaimse hälbega või olla väga varases elueas kurjadest vaimudest seestunud. See on niimoodi, kuna järeltulijad on vanemate ja esivanemate mõjualused.

Selle kohta tuuakse 5. Moosese raamatus 5:9-10 järgmine hoiatus:

> *Sa ei tohi neid kummardada ega neid teenida, sest mina, Isand, sinu Jumal, olen püha vihaga Jumal, kes vanemate süü nuhtleb laste kätte kolmanda ja neljanda põlveni neile, kes mind vihkavad, aga kes heldust osutab tuhandeile neile, kes mind armastavad ja mu käske peavad.*

1. Korintlastele 7:14 täheldatakse ka, et: „*Sest uskmatu mees on pühitsetud naise läbi ja uskmatu naine on pühitsetud mehe läbi, sest muidu oleksid teie lapsed rüvedad, aga nüüd on nad*

Pääsemise tee neile, kes ei ole kunagi evangeeliumi kuulnud

pühad. " Samuti on lastel väga raske päästetud saada, kui nende vanemad ei ela usus.

Kuna Jumal on armastus, ei pöördu Ta neist, kes Tema nime appi hüüavad, isegi kui nad on oma vanemate ja esivanemate kurja loomusega sündinud. Neid võib pääsemisele viia, kuna Jumal vastab nende palvetele, kui nad parandavad meelt ja püüavad elada kogu aeg Ta Sõna alusel ning kutsuvad Teda kannatlikult nimepidi appi.

Heebrealastele 11:6 öeldakse, et: *"Aga ilma usuta on võimatu olla meelepärane, sest kes tuleb Jumala juurde, peab uskuma, et Tema on olemas ja et Ta annab palga neile, kes Teda otsivad.*" Isegi kui inimesed sündisid kurja loomusega, muudab Jumal nende kurja loomuse heaks ja juhatab nad Taevasse, kui nad teevad Talle rõõmu oma heade tegude ja usuohvritega.

Need, kes ei saa Jumalat ise otsida

Mõned inimesed ei saa Jumalat usus otsida, sest neil on vaimuhaigus või nad on kurjade vaimude poolt seestunud. Mida siis nemad peaksid tegema?

Sel juhul peavad nende vanemad või pereliikmed Jumala ees nende inimeste eest piisavas suuruses usku üles näitama. Armastuse Jumal avab siis nende usku ja siirust nähes pääsemise ukse.

Vanemad on oma lapse saatuses süüdi, kui laps sureb enne, kui ta saab pääsemiseks võimaluse. Seega õhutan ma teid aru saama, et usuelu ei ole väga oluline mitte üksnes vanemate, vaid ka nende järeltulijate jaoks.

Te peaksite mõistma ka üht inimhinge kogu maailmast väärtuslikumaks pidava Jumala südant. Ma julgustan teid, et teil võiks olla küllane armastus, et te ei kannaks hoolt vaid oma laste eest, vaid ka oma lähedaste ja ususugulaste laste eest.

5. Kas Aadam ja Eeva olid päästetud?

Aadam ja Eeva aeti maa peale, kui nad Jumalale mitte kuuletudes hea ja kurja tundmise puust sõid ja nad ei kuulnud kunagi evangeeliumi. Kas nad said päästetud? Laske mul selgitada, kas esimene inimene Aadam ja Eeva pääsesid.

Aadam ja Eeva olid Jumalale sõnakuulmatud

Alguses tegi Jumal esimesed inimesed Aadama ja Eeva oma kuju järele ja armastas neid väga palju. Jumal valmistas kõik nende külluliku elu jaoks ette ära ja juhatas nad Eedeni aeda. Seal polnud Aadamal ja Eeval millestki puudust.

Peale selle andis Jumal Aadamale suure väe ja meelevalla, et kõiki asju universumis valitseda. Aadam valitses kõigi elusolendite üle maa peal, taevas ja vee all. Vaenlane saatan ja kurat ei julgenud aeda siseneda, sest Aadam valvas ja kaitses seda.

Jumal käis nendega ja haris neid vaimselt väga lahkelt, nii nagu isa õpetab oma armastatud lastele kõike algusest lõpuni. Aadamal ja Eeval ei olnud millestki puudust, kuid kaval madu ahvatles neid ja nad sõid keelatud vilja.

Nad maitsesid surma vastavalt Jumala Sõnale, mis ütles, et nad peavad surma surema (1. Moosese raamat 2:17). Teiste sõnadega, nende vaim suri, kuigi nad olid varem elavad vaimud. Selle tagajärjel aeti nad ilusast Eedeni aiast maa peale. Inimese kasvatamine algas selle neetud maa peal ja samaaegselt langes ka kõik ülejäänu needuse alla.

Kas Aadam ja Eeva olid päästetud? Mõned võisid mõtelda, et nad ei võinud pääseda, kuna nende sõnakuulmatuse tõttu neeti kõik asjad ning nende järglased langesid needuse alla. Aga armastuse Jumal jättis pääsemise ukse avali ka neile.

Aadama ja Eeva põhjalik meeleparandus

Jumal andestab teile nii kaua, kuni te kogu südamest meelt parandate ja Tema juurde naasete, isegi kui teid määrivad igasugune esialgne patt ja selles pimedust ja kurjust täis maailmas tehtud tegelikult patud. Jumal andestab teile nii kaua, kui te sügaval oma südames meelt parandate ja Tema juurde naasete, isegi kui te olite mõrvar.

Tänapäeva inimestega võrreldes teate te, et Aadamal ja Eeval olid tõesti puhtad ja head südamed. Pealegi õpetas Jumal neid oma hella armastusega pika aja jooksul. Kuidas võis siis Jumal saata Aadama ja Eeva põrgusse, andestamata neile pärast nende südamest tulnud meeleparandust?

Aadam ja Eeva kannatasid maa peal kasvatamise ajal väga palju. Nad elasid Eedeni aias rahus ja neil oli alati igasuguseid puuvilju söögiks, kuid nüüd ei saanud nad vaevahigita söönuks.

Eeva lapsesünnitamise valu suurenes. Nad valasid pisaraid ja tundsid oma pattude tagajärjel kurbust. Aadam ja Eeva nägid ka, kuidas üks nende poegadest tappis teise.

Kui suurt puudust võisid nad selle maailma piina kogedes tunda oma elust Eedeni aias, kus Jumal neid kaitses ja armastas? Aias elamise ajal ei saanud nad oma õnnest aru ja ei tänanud Jumalat, sest nad võtsid oma elu, küllust ja Jumala armastust enesestmõistetavana.

Kuigi, nüüd nad võisid mõista, kui õnnelikud nad sel ajal olid ja nad hakkasid Jumalat neile osutatud ülevoolava armastuse eest tänama. Lõpuks parandasid nad oma minevikus tehtud pattudest põhjalikult meelt.

Jumal avas neile pääsemise ukse

Patu palk on surm, aga Jumal, kes valitseb armastuse ja õiglusega, andestab patu, kui inimesed sellest põhjalikult meelt parandavad.

Armastuse Jumal lasi Aadamal ja Eeval pärast nende meeleparandust Taevasse minna. Kuid nad pääsesid Jumala õigluse tõttu vaevu ja said paradiisi elama minna. Nende patt — Jumala suure armastuse hülgamine — ei olnud tühine. Aadam ja Eeva vastutasid oma sõnakuulmatuse tõttu inimese kasvatamise vajaduse eest ja ka oma järglaste kannatuste, valu ja surma eest.

Isegi kui Jumala ettehoole oleks Aadamal ja Eeval hea ja kurja tundmise puust süüa lubanud, tõi see sõnakuulmatuse tegu arvukatele inimestele kannatusi ja surma. Seega Aadam ja Eeva ei saanud Taevas paradiisist paremasse kohta minna ja muidugi ei saanud nad mingit aulist tasu.

Jumal tegutseb armastuse ja õiglusega

Mõtleme Jumala armastusest ja õiglusest apostel Pauluse näite varal.

Apostel Paulus oli üks Jeesusesse uskujate peamisi tagakiusajaid ja vangistas nad ajal, kui ta Jeesust õigesti ei tundnud. Stefanose märtrisurma suremise ajal, kui Stefanos tunnistas Isandast, vaatas Paulus pealt, kui Stefanos kividega surnuks pilluti ja ta pidas seda õigeks.

Kuid Paulus kohtus Isandaga ja võttis ta Damaskuse teel vastu. Sel ajal ütles Isand talle, et temast saab paganate apostel ja ta kannatab palju. Sestsaadik parandas apostel Paulus põhjalikult meelt ja tõi oma ülejäänud elu Isandale ohvriks.

Ta võis Uude Jeruusalemma minna, sest ta täitis oma ülesannet rõõmuga, hoolimata suurtest kannatustest ja ta oli piisavalt ustav, et oma elu Isanda pärast anda.

Selle maailma loodusseaduste alusel me lõikame külvatut. Sama kehtib vaimumaailmas. Te lõikate headust, kui te olete headust külvanud ja kurja, kui te külvasite kurjust.

Nii nagu te Pauluse juhtumist näha võisite, peate te oma südant valvama, ärkvel püsima ja meeles pidama, et teid järgivad teie minevikus tehtud kurjade tegude eest katsumused ka siis, kui te olete siira meeleparandusega need andeks saanud.

6. Mis juhtus esimese mõrvari Kainiga?

Mis juhtus esimese mõrvari Kainiga, kes suri enne evangeeliumi kuulmist? Vaatame, kas ta sai südametunnistuse kohtu teel päästetud.

Vennad Kain ja Aabel toovad Jumalale ohvri

Aadam ja Eeva maapealsed lapsed sündisid siis, kui nad olid Eedeni aiast välja aetud: Kain oli nende esikpoeg ja Aabel oli Kaini noorem vend. Kui nad kasvasid, tõid nad Jumalale ohvri. Kain tõi Jumalale maaviljast ohvri, aga Aabel tõi oma karja esmasündinute rasva ohvriks.

Junal soosis Aabelit ja tema toodud ohvriandi, aga Ta ei aktsepteerinud Kaini ja tema ohvriandi. Miks soosis siis Jumal Aabelit ja tema ohvriandi?

Te ei pea tooma Jumalale Tema tahte vastaselt ohvrit. Vaimumaailma seaduse alusel tuleks Jumalat kummardada ohvriverega, mis võib andeks anda patud. Seega tõid inimesed Vana Testamendi ajal Jumala kummardamiseks ohvriks härgi või lambaid ja Uue Testamendi ajal sai Tall Jeesus oma vere valamisega lepitusohvriks.

Jumal võtab teid meeleldi vastu, Ta vastab teie palvetele ja õnnistab teid kui te kummardate Teda ohvriverega, see tähendab, et kui te kummardate Teda vaid vaimus. Vaimne ohver tähendab Jumala kummardamist vaimus ja tões. Jumal ei võta teie ohvrit hea meelega vastu, kui te ülistusteenistuse ajal tukute või lasete oma mõtetel lennata.

Jumal vaatas soosivalt vaid Aabelit ja tema ohvrit

Aadam ja Eeva teadsid loomulikult väga hästi ohvritoomist puudutavat vaimset seadust, sest Jumal õpetas seda neile Eedeni aias kaua aega kui Ta nendega seal käis. Muidugi õpetasid nad kindlasti ka oma lastele, kuidas Jumalale õiget ohvriandi tuua.

Ühelt poolt kummardas Aabel Jumalat ohvriverega, olles oma vanemate õpetusele kuulekas. Teisest küljest ei toonud Kain ohvriandi, vaid ta tõi oma mõtlemist mööda Jumalale ohvriks mõned maa viljad.

Heebrealastele 11:4 öeldakse selle kohta: *„Usus tõi Aabel Jumalale parema ohvri kui Kain, mille tõttu ta sai tunnistuse, et tema on õige, kuna Jumal andis tema andide kohta tunnistuse, ja usu kaudu ta räägib veel surnunagi."*

Jumal võttis vastu Aabeli ohvrianni, sest ta kummardas Jumalat vaimselt ja kuuletus usu kaudu Tema tahtele. Kuid Jumal ei võtnud vastu Kaini ohvriandi, sest ta ei kummardanud Teda vaimus, vaid ta kummardas Teda üksnes oma mõõdupuude ja meetodite kohaselt.

Kain tappis Aabeli kadedusest

Kain nägi, et Jumal võttis vastu vaid tema venna ohvri, kuid pidas tema oma vastuvõetamatuks, ta vihastus ja tal oli sünge pilk. Lõpuks ta ründas Aabelit ja tappis ta.

Ainult ühe sugupõlve jooksul maapealse inimarengu algusest sündis sõnakuulmatusest kadedus, kadedusest ahnus ja vihkamine ja vihkamine arenes mõrvaks. Kas pole see hirmus?

Te võite näha, kui kiiresti inimeste süda saastub patust, kui nad lasevad oma südamesse patu. Sellepärast ei peaks te oma südamesse ka tühist pattu lubama, vaid peaksite sellest kohe vabanema.

Mis juhtus esimese mõrvari Kainiga? Mõned väidavad, et Kain ei võinud saada päästetud, kuna ta tappis oma õiglase venna Aabeli. Kain sai vanematelt Jumala kohta teadmisi. Võrreldes tänapäeva inimestega, pärisid Kaini aja inimesed vanematelt suhteliselt väikeses ulatuses pärispatu. Isegi kui Kain tappis kadedusehetkel oma venna, oli temalgi puhas südametunnistus. Seega, isegi kui Kain sooritas mõrva, võis ta Jumala karistuse kaudu meelt parandada ja Jumal halastas ta peale.

Kain pääses pärast põhjalikku meeleparandust

1. Moosese raamatus 4:13-15 ütles Kain palves Jumalale, et ta karistus on liiga raske ning palus Jumala halastust ajal kui ta oli neetud ja temast sai maapealne püsimatu hulkur. Jumal vastas: *„Igaühele, kes Kaini tapab, peab seitsmekordselt kätte makstama!"* ja Jumal pani Kainile märgi, et keegi teda maha ei lööks.

Siit saab aru, kui põhjalikult Kain pärast oma venna tapmist meelt parandas. Alles siis võis ta Jumalaga suhelda ja Jumal märgistas ta oma andestuse tähisena. Kui Kain oleks olnud paratamatult hukas ja ta pidanuks põrgusse minema, siis miks kuulis Jumal esiteks Kaini palvet ja mis pole vähemtähtsam, märgistas ta?

Pääsemise tee neile, kes ei ole kunagi evangeeliumi kuulnud

Kain oli venna tapmise pärast karistuseks rahutu maapealne rändaja, aga lõpuks sai ta oma patust meele parandamise tõttu päästetud. Kuigi Kain pääses Aadama kombel vaevu ja tal lubati elada paradiisi välisäärel ja isegi mitte selle keskpaigas.

Õigluse Jumal ei saanud lubada Kainil Taevas paradiisist paremasse kohta minekut, kuigi Kain parandas meelt. Isegi kui Kain elas võrdlemisi puhtamal ja vähem patusel ajastul, oli ta ikkagi piisavalt kuri, et tappa oma vend.

Sellest hoolimata oleks Kain võinud Taevas paremasse kohta minna, kui ta oleks lasknud oma kurjal südamel paremaks muutuda ja kui ta oleks kogu jõust ja südamest Jumalale meelepärane püüdnud olla. Aga Kaini südametunnistus ei olnud isegi niivõrd hea ja puhas.

Miks Jumal ei karista kurjasid inimesi otsekohe?

Teil võib olla palju küsimusi, kui te elate usuelu. Mõned inimesed on väga kurjad, aga Jumal ei karista neid. Teised kannatavad oma kurjuse tõttu haiguste käes või surevad. On ka neid, kes surevad noorelt, isegi kui nad näivad Jumalale väga ustavad.

Näiteks kuningas Saul oli oma südames piisavalt kuri, et üritada Taavetit tappa, isegi kui ta teadis, et Jumal oli Taaveti võidnud. Ikkagi, Jumal ei karistanud kuningas Sauli. Selle tagajärjel kiusas kuningas Saul Taavetit veel rohkem taga.

See oli näide Jumala armastuse ettehooldest. Jumal tahtis Taavetit Sauli kurjuse läbi koolitada, et temast suurt astjat teha ja lõpuks temast kuningas teha. Seetõttu suri kuningas Saul siis, kui

Jumal lõpetas Taaveti väljaõppe.

Samamoodi karistab Jumal igast üksikisikust sõltuvalt inimesi kas kohe või laseb neil elada karistamatult. Kõiges sisaldub Jumala ettehoole ja armastus.

Te peaksite igatsema paremat paika Taevas

Johannese 11:25-26 ütles Jeesus: *"Mina olen ülestõusmine ja elu. Kes minusse ususb, see elab, isegi kui ta sureb. Ükski, kes elab ja usub minusse, ei sure alatiseks. Kas sa usud seda?"* Need, kes pääsevad evangeeliumi vastuvõtmise kaudu, äratatakse kindlasti ellu, nad saavad vaimse ihu ja elavad Taevas igaveses aus. Need, kes on maa peal ikka veel elus, püütakse üles pilvedesse, kus nad kohtuvad Isandaga õhus kui Ta Taevast alla tuleb. Mida rohkem te sarnanete Jumala kujule, seda parema koha Taevas te saate.

Jeesus räägib meile selle kohta Matteuse 11:12: *"Ristija Johannese päevist tänini rünnatakse taevariiki ja ründajad kisuvad selle endale."* Jeesus andis uue tõotuse Matteuse 16:27: *"Sest Inimese Poeg tuleb oma Isa kirkuses koos oma inglitega ja siis Tema tasub igaühele selle tegusid mööda."* 1. Korintlastele 15:41 täheldatakse samuti: *"Isesugune on päikese kirkus ja isesugune kuu kirkus ja isesugune tähtede kirkus, sest ka täht erineb tähest kirkuse poolest."*

Te igatsete paratamatult paremat paika Taevas. Te peaksite püüdma olla püham ja ustavam kogu Jumala kojas, et teil lubataks minna Uude Jeruusalemma, kus asub Jumala troon. Nii nagu põllumees lõikuseajal, tahab Jumal inimese maapealse kasvatamise teel võimalikult paljusid paremasse taevariiki viia.

Te peate taevasseminekuks vaimumaailma hästi tundma

Jumalat ja Jeesust Kristust mitte tundnud inimesed saavad vaevu Uude Jeruusalemma minna ka siis, kui nad on südametunnistuse kohtu läbi päästetud.

On inimesi, kes ei tea selgelt inimese kasvatamise ettehooldust, Jumala südant ega vaimumaailma, kuigi nad on evangeeliumi kuulnud. Seega nad ei tea, et vägivaldsed kisuvad taevariigi omale ja neil ei ole Uude Jeruusalemma mineku lootust.

Jumal ütleb meile: *„Ole ustav surmani ja ma annan sulle elupärja"* (Johannese ilmutus 2:10). Jumal tasub teile Taevas külluslikult kõige eest, mida te külvanud olete. See tasu on väga hinnaline, sest see püsib igavesti ja on alati auline.

Seda meeles pidades võite te Isanda ilusaks pruudiks ette valmistuda, tehes nii nagu viis tarka neitsit ja omale terve vaimu saada.

1. Tessalooniklastele 5:23 öeldakse: *„Aga rahu Jumal ise pühitsegu teid läbinisti ning teie vaim ja hing ja ihu olgu tervikuna hoitud laitmatuna meie Isanda Jeesuse Kristuse tulemiseks."*

Seega te peate enne Isanda Jeesuse Kristuse naasmist end usinalt Isanda mõrsjaks ette valmistama ja tervikliku vaimu saama või täitma Jumala kutse oma hinge jaoks, mis iganes enne kätte jõuab.

Sellest ei piisa, et tulla igal pühapäeval kogudusse ja tunnistada: „Mina usun." Te peate vabanema igasugusest kurjast ja olema ustav kogu Jumala kojas. Mida rohkem te olete Jumalale meeltmööda, seda paremasse kohta Taevas te võite minna.

Ma õhutan, et te saaksite nende teadmiste läbi Jumala tõeliseks lapseks. Ma palun Isanda nimel, et te üksnes ei käiks Isandaga siin maa peal, vaid elaksite ka igavesest ajast igavesti Jumala taevase trooni lähedal.

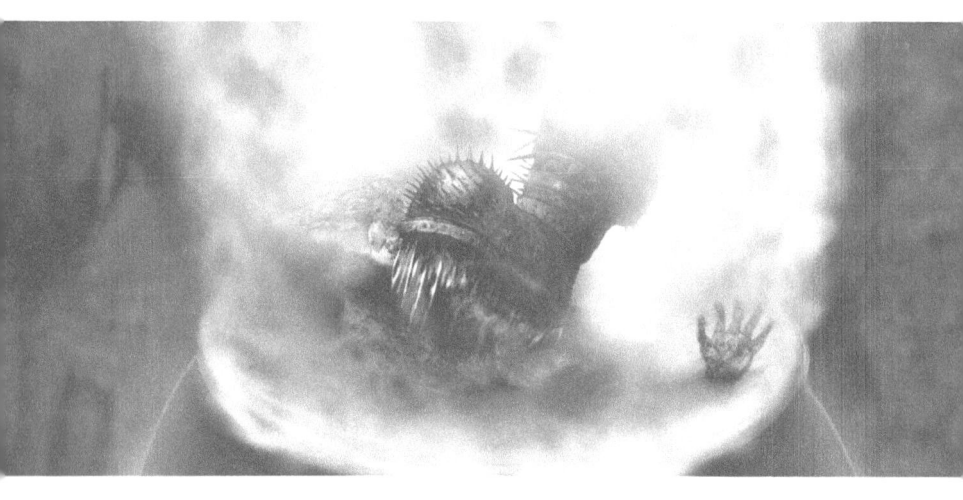

3. Peatükk

Alumine haud ja põrgu sõnumitoojate isiksus

1. Põrgu sõnumitoojad viivad inimesed alumisse hauda
2. Kurjade vaimude maailma ootekoht
3. Alumise haua eri karistused erinevate pattude eest
4. Lutsifer valitseb alumist hauda
5. Põrgu sõnumitoojate identiteet

*„Jah, Jumal ei säästnud patustanud ingleidki,
vaid tõukas nad põrgupimeduse soppidesse
kinnipidamiseks kuni kohtuni."*
- 2. Peetruse 2:4 -

*„Surmavalda taandugu riivatud, kõik paganad,
kes unustavad Jumala!"*
- Laul 9:17 -

Alumine haud ja põrgu sõnumitoojate isiksus

Igal aastal on põllumehed lõikuse ajal rõõmsad ja ootavad head saaki. Kuigi neil on raske kogu aeg esmaklassilist vilja koristada, isegi kui nad teevad päevast päeva ja ööst öösse väetist laotades, rohides ja nii edasi vaevalist tööd. Vilja seas on teisejärgulist, kolmandajärgulist vilja ja ka sõklaid.

Inimesed ei saa sõklaid süüa. Pealegi sõklaid ei saa viljaga ühes koguda, sest sõklad rikuvad vilja. Sellepärast kogub põllumees sõklad ja põletab need või kasutab neid väetiseks.

Samamoodi on Jumala maapealse inimese kasvatamisega. Jumal tahab leida tõelisi lapsi, kes oleksid ka Jumala püha ja täiusliku kuju sarnased. Kuigi on inimesi, kes ei saa täiesti oma pattudest vabaks ja teisi, kes on täiesti kurjad ja minetavad inimese kohuse. Jumal tahab pühasid ja tõelisi lapsi, aga Ta kogub Taevasse ka need, kes surid enne oma pattudest täiesti vabaks saamist, kui nad püüdsid usus elada.

Teisest küljest ei saada Jumal inimesi kohutavasse põrgusse, kui neil on sinepiivakese suurune usk, millega nad sõltuvad Jeesuse Kristuse verest, hoolimata Ta esialgsest kavatsusest kasvatada ja koguda vaid oma tõelisi lapsi. Teisalt, neil, kes ei usu Jeesust Kristust ja võitlevad Jumala vastu lõpuni, ei ole muud valikut peale põrgusse mineku, sest nad on ise valinud hävituse tee eneses sisalduva kurjuse tõttu.

Kuidas siis päästmata hinged viiakse alumisse hauda ja kuidas neid seal karistatakse? Ma selgitan üksikasjalikult põrgusse kuuluva alumise haua ja põrgu sõnumitoojate isiksuse kohta.

1. Põrgu sõnumitoojad viivad inimesed alumisse hauda

Ühest küljest, kui sureb päästetud inimene, kellel on usk, tulevad kaks inglit ja viivad ta Taevasse kuuluvasse ülemisse hauda. Luuka 24:4 ootavad kaks inglit Jeesust pärast Ta matmist ja surnuist ülestõusmist. Teisest küljest, kui päästmata inimene sureb, tulevad kaks põrgu sõnumitoojat teda alumisse hauda viima. Tavaliselt on võimalik teada saada, kas surivoodil olev inimene on päästetud või mitte, kui jälgida selle inimese näoilmet.

Enne surmahetke

Inimese vaimusilmad avanevad enne surmahetke. Inimene sureb rahulikult naeratades, kui ta näeb valguse ingleid ja tema surnukeha ei kangestu kiiresti. Isegi kaks-kolm päeva hiljem ta surnukeha ei mädane ega lehka ja inimene näib ikka elav olevat.

Aga kui suurt hirmu ja värinat peavad päästmata inimesed tundma, kui nad näevad õudsaid põrgu sõnumitoojad? Nad surevad hirmsa hirmuga ja ei suuda oma silmi sulgeda.

Kui inimese pääsemine ei ole kindel, võitlevad inglid ja põrgu sõnumitoojad omavahel, et hinge vastavasse kohta viia. Sellepärast on inimene surmani murelik. Kui kartlik ja murelik ta on, kui ta näeb põrgu sõnumitoojaid end süüdistamas ja pidevalt ütlemas: „Tal puudub pääsemiseks usk?"

Kui nõrga usuga inimene on surivoodil, peaksid tugeva usuga inimesed aitama tal ülistuse ja kiituse kaudu rohkem usku saada.

Siis sa võib usu saamise läbi ka surivoodil pääseda, isegi kui ta saab vaid häbistava pääsemise osaliseks ja läheb lõpuks paradiisi.

Te võite näha, kuidas surivoodil olev inimene muutub rahulikuks, sest ta võtab usu läbi pääsemise vastu, sel ajal kui inimesed ülistavad Jumalat ja kiidavad Teda tolle inimese eest. Kui tugeva usuga inimene on oma surivoodil, ei ole teil vaja teda kasvamiseks ega usu omandamiseks aidata. Siis on parem anda talle lootust ja rõõmu.

2. Kurjade vaimude maailma ootekoht

Teisest küljest, isegi väga nõrga usuga inimene võib saada surivoodil ülistuse ja kiituse abil päästetud, kui tal on mingit usku. Teisalt, kui ta ei ole päästetud, viivad põrgu sõnumitoojad ta alumisse hauda kuuluvasse ootekohta ja ta peab kohanema kurjade vaimude maailmaga.

Nii nagu päästetud hingedel on kolmepäevane kohanemisperiood ülemises hauas, viibivad ka päästmata hinged kolm päeva suurt sügavikku meenutavas alumise haua ootekohas.

Kolm kohanemispäeva ootekohas

Ülemise haua ootekoht, kus päästetud hinged viibivad kolm päeva, on täis juubeldamist, rahu ja lootust eesseisvaks auliseks eluks. Aga alumise haua ootekohas toimub täpselt vastupidine.

Päästmata hinged elavad talumatut valu tundes, saades igasuguseid karistusi oma tegude eest selles maailmas. Enne alumisse hauda minekut valmistuvad nad ootekohas kolme päeva jooksul eluks kurjade vaimude maailmas. Need kolm päeva ootekohas ei ole rahulikud, vaid on üksnes nende alalise valusa elu algus.

Neid hingesid nokivad erinevad suurte teravaotsaliste nokkadega linnud. Need linnud on väga inetud ja vastikud vaimsed asjad, mis ei sarnane selle maailma lindudele. Päästmata hinged on juba oma ihust eraldunud ja seega võiks mõtelda, et nad ei tunne mingit valu. Aga need linnud suudavad neile valu valmistada, sest ootekoha linnud on samuti vaimolendid.

Mil iganes need linnud hingesid nokivad, rebenevad nende ihud verejooksu tõttu ja ihudelt nülitakse ka nahk. Hinged püüavad nokkivate lindude eest kõrvale põigelda, kuid nad ei saa seda teha. Nad heitlevad üksnes ja tõmbuvad hüüatuste saatel küüru. Vahel tulevad linnud nende silmi välja nokkima.

3. Alumise haua eri karistused erinevate pattude eest

Pärast kolmepäevast ootekohas viibimist määratakse päästmata hingedele erinevad karistuskohad alumises hauas, vastavalt nende selles maailmas tehtud pattudele. Taevas on väga palju ruumi. Ka põrgus on väga palju ruumi, isegi alumises hauas, mis on vaid osa põrgust, on arvukad eraldatud kohad, kus asuvad päästmata hinged.

Erinevad karistuskohad

Üldiselt on alumine haud pime ja niiske ja hinged tunnevad seal kõrvetavat kuumust. Päästmata hingesid piinatakse pidevalt peksu, liha nokkimise ja rebimisega. Kui teie jalg või käsi selles maailmas ära lõigatakse, peate te elama jala või käeta. Kui te surete, kaob surmaga agoonia ja vaev. Aga alumises hauas taastub teie kael ka siis kui see ära lõigatakse. Ka siis kui teie ihuliige lõigatakse ära, muutub teie ihu varsti terveks. Nii nagu kõige teravama mõõga või noaga ei saa lõigata vett, ei lõpeta agooniat piin, nokkimine ega ihuliikmete tükkideks rebimine.

Pärast lindude nokkimist taastuvad varsti teie silmad. Isegi kui te olete haavatud ja teie sisikond purskub välja, taastute te varsti. Teie verd valatakse piinamise ajal lõpmatult, kuid te ei saa selle kätte surra, sest te täitute varsti uue verega. Teid piinatakse korduvalt sel õudsel moel.

Sellepärast on seal verejõgi, mis lähtub alumise haua hingede verevalamisest. Pidage meeles, et vaim on surematu. Kui vaimu piinatakse korduvalt igavesti, kestab selle valu samuti igavesti. Hinged paluvad, et nad võiksid surra, aga nad ei saa seda teha ja neil ei lubata surra. Alumine haud on lõpmatu piina tõttu täis inimeste karjumist, oigeid ja verist mädalehka.

Ahastavad hüüded alumises hauas

Ma oletan, et mõnedel teie seast on otsene sõjakogemus. Vastasel juhul olete te ehk näinud õudseid vaatepilte sõjafilmidest või ajaloolistest dokumentaalfilmidest, kus kujutatakse nuttu ja valu. Haavatud on siin ja seal. Mõned kaotasid jala või käe. Nende silmad on puruks ja isegi nende aju sisemus on plahvatuse tulemusel välja jooksnud. Mitte keegi ei tea, millal suurtükituli teda tabada võib. See koht on täis lämmatavat suurtükitule suitsu, verist lehka, oigeid ja karjeid. Inimesed võiksid niisugust pilti kutsuda „põrguks maa peal."

Kuid see hukatuslik alumise haua vaatepilt on kaugelt armetum igasuguse selle maailma lahinguvälja kõige hullemast tegevuspaigast. Pealegi ei kannata alumise haua hinged mitte üksnes praeguse piina tõttu, vaid samuti ka tulevaste piinade pärast.

Piin on nende jaoks liiga talumatu ja nad püüavad selle eest asjatult pageda. Peale selle, neid ootab ees üksnes lõõmav tuli ja väävel sügavamal põrgus.

Kui kahetsusväärsed ja kahetsevad on hinged kui nad vaatavad põrgu põlevat väävlit ja ütlevad: „Ma oleksin pidanud uskuma, kui mulle evangeeliumi kuulutati...ma ei oleks pidanud pattu tegema...!" Kuid teist võimalust enam pole ja nende jaoks ei ole enam pääsemise teed.

4. Lutsifer valitseb alumist hauda

Alumise haua karistuste liike ja suurust ei ole võimalik mõista. Nii nagu selle maailma piinameetodid on erinevad, võib sama öelda alumise haua piinade kohta.

Mõned võivad kannatada oma ihu mädanemise tõttu. Teiste

ihu võidakse süüa või mäluda ja erinevad põrnikad ja putukad imevad nende verd. Teisi surutakse lõõmavalt kuumade kivide vastu või jäävad nad seisma liivale, mille temperatuur on sadu kordi kõrgem selle maailma randade või kõrbede temperatuurist. Mõnel juhul piinavad hingi põrgu sõnumitoojad ise. Muude piinameetodite hulka kuuluvad vesi, tuli ja teised kirjeldamatud meetodid ja vahendid.

Armastuse Jumal ei valitse seda kohta, mis on päästmata hingede jaoks. Jumal andis kurjadele vaimudele meelevalla selle koha üle valitsemiseks. Lutsifer, kurjade vaimude ülemus, valitseb alumist hauda, kus peavad viibima päästmata hinged, kes on nagu sõklad. Siin pole halastust ega kahjutunnet ja Lutsifer valitseb igakülgselt alumist hauda.

Kõigi kurjade vaimude ülemuse Lutsiferi isiksus

Kes on Lutsifer? Lutsifer oli üks peainglitest, keda Jumal armastas väga palju ja keda Ta kutsus „koidiku pojaks" (Jesaja 14:12). Sellest hoolimata mässas ta Jumala vastu ja sai kurjade vaimude ülemaks.

Taeva inglitel puudub inimlikkus ja vaba tahe. Seega nad ei saa otsustada oma tahtega, kas asju teha ja nad järgivad vaid käske, täites neid nagu robotid. Kuid Jumal annab mõnele inglile erilise inimlikkuse ja jagab nendega armastust. Lutsifer oli üks taolistest inglitest ja ta vastutas taevase muusika eest. Lutsifer kiitis Jumalat oma ilusa hääle ja muusikariistadega ja oli Jumalale meeltmööda, lauldes Jumala austuseks.

Kuigi ta muutus aja jooksul kõrgiks, sest Jumal armastas teda eriliselt ja ta soov Jumalast suuremaks ja võimsamaks saada pani ta lõpuks Jumala vastu mässama.

Lutsifer pani Jumala proovile ja mässas Ta vastu

Piiblis öeldakse, et Lutsiferi järgis tohutu hulk ingleid (2. Peetruse 2:4; Juuda 1:6). Taevas on lõpmatu suur arv ingleid ja umbes kolmandik neist järgis Lutsiferi. Kujutage ette kui paljud neist liitusid Lutsiferiga. Lutsifer mässas oma kõrkuses Jumala vastu.

Kuidas oli võimalik, et arvutud inglid järgisid Lutsiferi? Seda võib lihtsalt mõista, kui mõtelda sellele, et inglid täidavad vaid masinlikult või robotilaadselt käske.

Esiteks, Lutsifer võitis mõnede oma mõjualuste ülemate inglite toetuse ja siis ta sai lihtsalt nende ülemate inglitele alluvate inglite poolehoiu.

Peale inglite järgisid Lutsiferi mässu vaimolendite seast ka lohemaod ja osad keerubitest. Lutsifer, kes esitas mässuliselt Jumalale väljakutse, sai lõppude lõpuks lüüa ja ta heideti oma järgijatega välja Taevast, kus ta esialgu oli. Siis vangistati ta sügavikku, kuni neid hakati kasutama inimese kasvatamise jaoks.

Kuidas sa ometi oled alla langenud taevast, helkjas hommikutäht, koidiku poeg, tükkidena paisatud maha, rahvaste alistaja? Sina ütlesid oma südames: "Mina tõusen taevasse, kõrgemale kui Jumala tähed tõstan ma oma aujärje ja istun kogunemismäele kaugel põhjamaal. Ma lähen üles pilvede kõrgustikele, ma teen ennast Kõigekõrgema sarnaseks." Aga sind tõugati alla surmavalda, kõige sügavamasse hauda (Jesaja 14:12-15).

Lutsifer oli kirjeldamatult ilus, kui ta oli Jumala ülevoolava armastusega Taevas. Kuid pärast mässu muutus ta koledaks ja õudustäratavaks.

Vaimusilmadega teda näinud inimesed ütlevad, et Lutsifer on nii kole, et ta tundub tülgastavana ka siis, kui teda lihtsalt näha. Ta näib õudne oma erivärvi – punaseks, valgeks ja kollaseks värvitud sassis juustega, hõljudes kõrgel taevas.

Tänapäeval paneb Lutsifer inimesi oma rõivastust ja soengut jäljendama. Kui inimesed tantsivad, viibutavad nad sõrmi ja on väga metsikud, tormilised ja inetud.

Need on meie aja suunad, mida Lutsifer loob ja need vohavad massimeedias ja kultuuris. Need trendid võivad inimeste tundeid haavata ja nad kaosesse viia. Pealegi eksitavad need trendid inimesi Jumalast eemale minema ja isegi Teda salgama.

Jumala lapsed peaksid olema teistsugused ja maailma trendidega mitte kaasa minema. Kui te maailma trendidega kaasa lähete, hoiate te end loomupäraselt Jumala armastusest eemal ja maailmalikud trendid võtavad teie südame ja mõtted oma valdusse (1. Johannese 2:15).

Kurjad vaimud teevad alumise haua jubedaks kohaks

Ühest küljest on armastuse Jumal headus ise. Ta valmistab meie jaoks kõik oma tarkade heade mõtete ja otsustega. Ta tahab, et me elaksime alaliselt ilusas Taevas ja tunneksime ääretut rõõmu. Teisest küljest on Lutsifer kurjuse kehastus. Kurjad vaimud, kes järgivad Lutsiferi, mõtlevad alati, kuidas inimesi veelgi rohkem piinata. Nad muudavad alumise haua oma kurja tarkusega veelgi õudsamaks kohaks, leiutades igasuguseid piinaviise.

Ka selles maailmas on inimesed ajaloo käigus leiutanud erinevaid julmasid piinameetodeid. Kui Korea oli Jaapani võimu all, piinasid jaapanlased Korea rahvusliku iseseisvusliikumise juhte nende sõrmeküünte alla bambusnõelu torgates või nende sõrme- või varbaküüsi ühekaupa ära tõmmates. Nad kallasid ka liikumise juhtide silmadesse ja ninasõõrmetesse punase pipra ja vee segu, sel ajal kui nad rippusid pea alaspidi. Põleva liha tülgastav lõhn võttis piinaruumi oma valdusse, sest jaapanlastest piinajad põletasid nende erinevaid kehaosasid kuumade metallitükkidega. Nende siseelundid purskusid tugeva peksu ajal nende kõhust välja.

Kuidas piinati kurjategijaid Korea ajaloo jooksul? Inimesed väänasid kurjategijate jalgu ühe piinameetodina. Kurjategija seoti pahkluudest ja põlvede juurest ja ta kahe sääremarja vahele pandi kaks keppi. Kurjategija jalaluud purustati, kui piinaja neid kahte keppi liigutas. Kas te suudate ette kujutada, kui valus see olla võis?

Inimeste poolt teoks tehtud piinad on nii julmad, kui inimene suudab ette kujutada. Kuivõrd palju julmem ja kohutavam on siis see, kui päästmata hingi piinavad kurjad vaimud, kellel on palju vägevamad teadmised ja võimed? Neile valmistab rõõmu erinevate piinaviiside leiutamine ja päästmata hingede peal nende viiside rakendamine.

Alumine haud ja põrgu sõnumitoojate isiksus

Sellepärast on teil vaja teada kurjade vaimude maailma kohta. Siis te võite nende üle valitseda, neid kontrollida ja võita. Te võite neid lihtsalt lüüa, kui te hoiate end püha ja puhtana ja ei mugandu selle maailma viisidega.

5. Põrgu sõnumitoojate identiteet

Kes on need põrgu sõnumitoojad, kes piinavad alumises hauas olevaid päästmata inimesi? Need on langenud alamad inglid, kes järgisid Lutsiferi mässu enne maailma algust.

Ning et Ta ingleidki, kes ei hoidnud kinni oma päritolust, vaid hülgasid oma eluaseme, säilitab pilkase pimeduse all jäädavais ahelais suure päeva kohtuni (Juuda 1:6).

Langenud inglid ei saa vabalt maailma tulla, sest Jumal sidus neid pimedusse suure valge trooni kohtuni. Mõned väidavad, et deemonid on langenud inglid, kuid see ei ole tõde. Deemonid on päästmata hinged, kes on alumisest hauast välja lastud, et eriolukorras oma tööd teha. Ma selgitan kõike seda üksikasjalikult 8. peatükis.

Lutsiferiga langenud inglid

Jumal sidus langenud inglid kohtu jaoks pimedusse – põrgusse. Seega langenud inglid ei saa maailma tulla, välja arvatud vaid

erijuhtudel.
Enne Jumala vastu mässamist olid nad väga ilusad. Kuid põrgu sõnumitoojad ei ole langemisest ja neetuks saamisest peale olnud ei ilusad ega hiilgavad.

Nad näevad välja nii õudsad, et nad on tülgastavad. Nende kuju sarnaneb inimolendite roojale või on nad erinevate jäledate loomade sarnased.

Nad näevad välja Piiblisse kirjapandud jäledate loomade nagu näiteks sigade sarnased (3. Moosese raamatu 11. peatükk). Kuid neil on neetud kole kuju. Nad kaunistavad oma ihud veidrate värvide ja mustritega.

Nad kannavad raudrüüd ja sõjaväejalatseid. Nende ihu külge on kindlalt kinnitatud teravad piinariistad. Sageli on neil käes nuga, oda või piits.

Neil on võimutsev suhtumine ja nende tugevat jõudu võib tunda, kui nad liiguvad ringi, sest nad rakendavad kogu oma väge ja meelevalda pimeduses. Inimesed kardavad deemoneid väga. Aga põrgu sõnumitoojad on deemonitest õudsamad.

Põrgu sõnumitoojad piinavad hingi

Milline osa on täpselt põrgu sõnumitoojatel? See on peamiselt põrgu valitsejana päästmata hingede piinamine.

Põrgu sõnumitoojad piinavad üksikasjalikumalt neid, kes saavad alumises hauas tõsisema karistuse. Näiteks koledad seakujulised põrgu sõnumitoojad tükeldavad hingede ihu või puhuvad neid täis nagu õhupalle ja siis kas torkavad või piitsutavad neid.

Lisaks piinavad nad inimesi eri viisidel. Ka lapsi ei välistata piinast. Me vaimule teeb haiget see, et põrgu sõnumitoojad torkavad või peksavad lapsi lõbu pärast. Seega te peaksite andma parima, et vältida ühegi hinge sattumist põrgusse, mis on julm, armetu ja õudne koht ja kus on lõpmatu valu ja kannatused.

Ma olin 1992. aastal äärmise stressi ja ületöötamise tõttu surma lävel. Sel hetkel näitas Jumal mulle palju mu koguduseliikmeid, kes järgisid selle maailma viise. Ma lootsin innukalt, et ma võiksin Jumala juurde minna, kuni ma nägin toda vaatepilti. Siis ei saanud ma enam Isanda juurde minekut soovida, sest ma teadsin, et paljud mu lammastest lähevad põrgusse.

Seega, ma muutsin meelt ja palusin, et Jumal mu elustaks. Jumal andis mulle kohe jõu ja üllatuseks suutsin ma surnuvoodilt tõusta ja sain täiesti terveks. Jumala vägi elustas mind. Kuna ma tean põrgu kohta nii hästi ja nii palju, kuulutan ma usinalt põrgu saladusi, mis Jumal mulle ilmutuse teel andis, lootes, et kasvõi veel üks hing pääseks.

4. Peatükk

Päästmata laste karistused alumises hauas

1. Looted ja imikud
2. Väikelapsed
3. Lapsed, kes on piisavalt vanad, et käia ja rääkida
4. Lapsed kuuendast kaheteistkümnenda eluaastani
5. Noorukid, kes pilkasid prohvet Eliisat

„*Karaku surm* nende kallale,
mingu nad elusalt alla surmavalda,
sest selge kurjus on nende elamuis, nende põues!"
- Laul 55:15 -

„*Sealt läks ta üles Peetelisse; ja kui ta oli teel üles,
siis tulid väikesed poisid linnast välja ja pilkasid teda
ning ütlesid temale: „Tule üles, kiilaspea! Tule üles, kiilaspea!"
Kui ta pöördus ja nägi neid, siis ta needis neid Isanda nimel.
Ja metsast tulid kaks karu ja kiskusid
neist lõhki nelikümmend kaks poissi."*
- 2. Kuningate 2:23-24 -

Päästmata laste karistused alumises hauas

Eelmises peatükis kirjeldasin ma, kuidas langenud peaingel Lutsifer valitseb põrgut ja kuidas teised langenud inglid Lutsiferi juhatuse all valitsevad. Põrgu sõnumitoojad piinavad päästmata hingi nende pattude kohaselt. Üldiselt jaotatakse alumise haua karistus neljaks tasemeks. Kõige kergema karistuse saavad inimesed, kes lähevad põrgusse südametunnistuse kohtu tulemusena. Kõige raskema karistuse saavad need inimesed, kelle südametunnistus on tulise rauaga põletatud ja kes seisid Jumala vastu nii nagu Juudas Iskariot, kui ta Jeesuse oma isikliku heaolu jaoks maha müüs.

Järgmistes peatükkides selgitan ma üksikasjalikult päästmata hingede karistusi põrgusse kuuluvas alumises hauas. Enne täiskasvanutele peale pandavatesse karistustesse süüvides räägin ma, missugused karistused saavad osaks eri vanuserühmades olevatele päästmata lastele.

1. Looted ja imikud

Isegi mõtlematu laps võib oma uskmatutelt vanematelt päritud patuloomuse tõttu minna alumisse hauda, kui ta ei läbi südametunnistuse kohut. Laps saab suhteliselt kerge karistuse, sest ta patt on kerge, kui seda täiskasvanu omaga võrrelda, kuid ta kannatab siiski nälga ja talumatut valu.

Imikud nutavad ja kannatavad valu tõttu

Võõrutatud imikud, kes ei suuda veel käia ega rääkida,

liigitatakse eraldi ja pannakse suurde kohta kinni. Nad ei saa ise mõtelda, liigutada ega käia, sest päästmata imikutel säilub sama kuju ja südametunnistus, mille nad said surmahetkel.

Pealegi nad ei tea, miks nad põrgus on, sest nende ajus ei ole mingisuguseid talletatud teadmisi. Nad lihtsalt nutavad loomuomaselt näljast, teadmata oma ema ega isa. Põrgu sõnumitooja torkab väikelapse kõhtu, kätt, jalga, silma, sõrme-või varbaküünt puuritaolise terava esemega. Siis imik nutab läbilõikavalt ja põrgu sõnumitooja üksnes naerab rõõmust imiku üle. Keegi ei hoolitse nende imikute eest, kuigi nad nutavad pidevalt. Nende nutmine jätkub ka siis, kui nad on väga kurnatud ja tunnevad tõsist valu. Pealegi, põrgu sõnumitoojad kogunevad vahel, tõstavad ühe imiku üles ja puhuvad imikusse õhku nagu õhupalli. Siis nad viskavad, löövad või mängivad ja püüavad imikut lõbu pärast. Kui hirmus ja õudne see on.

Hüljatud loodetelt on röövitud soojus ja mugavus

Milline saatus tabab looteid, kes surevad enne sündi? Nii nagu ma juba selgitasin, enamik neist pääseb, kuid on mõned erandid. Mõned looted ei pääse, sest nad eostatakse kõige halvema iseloomuga, mille nad pärisid vanematelt, kes pöördusid tõsiselt Jumala vastu ja tegid äärmiselt kurje tegusid. Päästmata loodete hinged pannakse samuti ühte kohta kinni, nagu võõrutatud imikutegi omad.

Neid ei piinata nii tugevalt, kui vanemate inimeste hingesid, sest neil pole südametunnistust ja nad ei teinud surmahetkel pattu. Neid karistatakse ja nende üle on needus, mis jätab nad ilma soojusest ja mugavusest, mida nad tundsid oma emaüsas viibimise ajal.

Alumise haua kehaehitused

Mis kujudega on alumises hauas olevad päästmata hinged? Ühest küljest, kui võõrutatud laps sureb, on ta sinna kinni pandud võõrutatud lapse kujul. Kui loode sureb emaüsas, on ta alumisse hauda loote kujul kinni pandud. Teisest küljest, päästetud hinged, kes on Taevas, saavad Jeesuse Kristuse teise tuleku ajal uue ülestõusnud ihu, kuigi nad on sama kujuga, nagu selles maailmas olles. Sel ajal muutub igaüks Isanda Jeesuse sarnaseks ilusaks 33-aastaseks inimeseks ja saab vaimuihu. Lühike inimene on kõige optimaalsema kasvuga ja ilma jala või käeta inimesel taastuvad ta ihuliikmed.

Kuid päästmata hinged, kes on põrgus, ei saa ka pärast Isanda teist tagasitulekut omale uut ülestõusmise ihu. Nad ei saa üles tõusta, sest neis puudub Jeesuselt Kristuselt saadud elu ja seega, nad jäävad sama kujuga, mis neil surres oli. Nende näod ja ihud on kahvatud ja tumesinised – nagu surnukehadel – ja juuksed on põrgu õuduste tõttu sasitud. Mõned kannavad kaltse, teised vaid mõnda riideeset ja on ka neid, kellel pole mingit ihukatet.

Taevas kannavad päästetud hinged ilusaid valgeid rõivaid ja eredaid kroone. Lisaks erinevad rõivaste eredus ja kaunistused vastavalt igaühe aule ja tasule. Vastupidiselt, põrgus on päästmata hingedel erinev välimus, vastavalt nende pattude suurusele ja liigile.

2. Väikelapsed

Vastsündinud imikud kasvavad ja õpivad seisma, tatsama ja mõnd sõna ütlema. Kui need väikelapsed surevad, missugused karistused neid tabavad? Väikelapsed on samuti ühte kohta rühmana koondatud. Nad kannatavad loomusunnil, sest nad ei suutnud surmahetkel loogiliselt mõtelda ega asjade üle mõistlikult otsustada.

Väikelapsed nutavad oma vanemaid taga, talumatut õudust tundes

Väikelapsed on ainult kahe-kolmeaastased. Seega, nad ei saa aru isegi oma surmast ja ei tea, miks nad on põrgus, aga nad mäletavad ikka oma ema ja isa. Sellepärast nad nutavad pidevalt: „Emme, kus sa oled? Issi? Ma tahan koju! Miks ma siin olen?"

Kui nad elasid selles maailmas, tulid nende emad kiiresti ja hoidsid neid tugevalt oma rinnal, kui nad näiteks kukkusid põlve marraskile. Kuid emad ei tule neid trööstima ka siis kui nad hüüavad ja nutavad, kui nende ihud on verest märjad. Kas laps ei hüüa pisarates hirmust, kui ta kaotab oma ema supermarketis või kaubamajas?

Nad ei leia oma vanemaid, kes neid kaitseksid õudsa põrgu eest. Üksnes see tõsiasi on piisavalt hirmus, et neid talumatut õudust tundma panna. Pealegi, põrgu sõnumitoojate ähvardavad hääled ja veider naer paneb imikud veel tugevamalt pisarais röökima, kuid kõik see on kasutu.

Aja viitmiseks löövad põrgu sõnumitoojad laksatades väikelaste selgasid ja sõtkuvad neid oma jalge alla või piitsutavad neid. Siis püüavad väikelapsed šokis ja valu tundes kägarasse tõmbuda või nende eest ära joosta. Kuid niisuguses inimestest tulvil paigas ei saa väikelapsed ära joosta ja nad on pisarate ja tatistamise virvarris, nad mässitakse üksteise sisse, nende peal trambitakse jalgadega, neid muljutakse ja rebitakse, et valada verd kogu selles kohas. Nendes armetutes oludes lapsed nutavad ja on pidevalt pisarais, sest nad igatsevad oma ema, nad on näljased ja tunnevad õudust. Taolised tingimused on nendele imikutele juba ise „põrguks."

Kahe-kolmeaastastel laste puhul on vaevalt võimalik, et nad oleksid tõsist pattu ja kuritegusid teinud. Hoolimata sellest karistatakse neid sel viisil armetult nende pärispatu ja tehtud pattude eest. Kui armetult saavad põrgus karistada siis täiskasvanud, kes teevad lastest palju tõsisemat pattu?

Kuid igaüks võib olla vaba põrgu karistusest, kui ta võtab vaid vastu ristil surnud ja meid lunastanud Jeesuse Kristuse ja elab valguses. Ta võib minna Taevasse, sest ta on oma mineviku, oleviku ja tuleviku patud andeks saanud.

3. Lapsed, kes on piisavalt vanad, et käia ja rääkida

Väikelapsed, kes hakkasid käima ja üht-kaht sõna rääkima, jooksevad ja räägivad hästi kui nad saavad kolmeaastaseks. Missuguse karistuse saavad siis alumises hauas kolme-kuni viieaastased väikelapsed?

Põrgu sõnumitoojad ajavad neid odadega taga

Kolme-kuni viieaastased lapsed on eraldatud pimedas ruumikas kohas ja karistuseks sinna jäetud. Nad jooksevad kogu jõust kõikjale, kus nad võivad vältida neid taga ajavaid ja kolmeharulisi västraid käes hoidvaid põrgu sõnumitoojaid. Kolmeharuline västar on västar, mille ülemine ots jaotub kolmeks. Põrgu sõnumitoojad ajavad taga nende laste hingi, torgates neid västardega, nii nagu jahimees ulukit jälitab. Viimaks jõuavad need lapsed kaljujärsakuni ja kaugel kaljust allpool on näha, kuidas vesi keeb nagu laava aktiivses vulkaanis. Esiteks need lapsed kõhelevad kaljult alla hüppamast, kuid nad on sunnitud kaljult keevasse vette hüppama, et vältida neid taga ajavaid põrgu sõnumitoojaid. Neil pole muud valikut.

Pingutus keevast veest väljatulekuks

Lapsed võivad vältida torkavaid västraid põrgu sõnumitoojate käes, aga nüüd on nad keevas vees. Kas te suudate ette kujutada, kui valus see olla võib? Lapsed pingutavad, et hoida oma nägusid keeva vee kohal, kuna keev vesi tungib nende ninasõõrmetesse ja suhu. Kui sõnumitoojad seda näevad, kiusavad nad lapsi ja ütlevad: „Kas see pole lõbus?" „Oi, see on nii meeldiv!" Siis karjuvad sõnumitoojad: „Kes lasi neil lastel põrgusse minna? Juhime nende vanemad surmateele, toome nad siia pärast nende surma ja paneme nad oma laste kannatusi ja piinu vaatama!"

Just siis püütakse keevast vees välja tulla püüdvad lapsed suurde võrku, mis sarnaneb kalapüügivõrgule ja visatakse tagasi esialgsesse kohta, kust nad hakkasid ära jooksma. Sellest ajast edasi kordub see valulik protsess, mille käigus lapsed jooksevad ära neid odadega taga ajavate põrgu sõnumitoojate eest ja hüppavad keevasse vette, lõpmatult palju kordi.

Need lapsed on ainult kolme-kuni viieaastased; nad ei suuda väga hästi joosta. Kuid nad püüavad joosta nii kiiresti kui nad suudavad, et vältida neid taga ajavaid põrgu sõnumitoojaid, kes neid odadega jälitavad ja nad jõuavad kaljuni. Nad hüppavad alla keevasse vette ja püüavad sealt taas välja tulla. Siis püütakse nad suurde võrku ja pillutatakse tagasi esialgsesse kohta. See tegevus kordub lõpmatult. Kui armetu ja traagiline see on!

Kas te olete kunagi oma sõrme kuuma raua või poti vastu kõrvetanud? Siis te teate, kui kuum ja valus see oli. Kujutage nüüd ette, et kogu teie ihu leotatakse keevas vees või et te olete suures potis keeva vee alla vajunud. See on valus ja juba selle peale mõtlemine on hirmus.

Kui teil on kunagi olnud kolmanda järgu põletus, siis te mäletate hästi, kui väga valus see oli. Siis võite te meenutada ka punast liha teie sisemuses, põleva liha lõhna ja hirmsat halba lõhna, mis tuli põleva liha sees mädanevatest surnud rakkudest.
 Isegi siis kui põlenud osa terveneb, jäävad sageli inetud armid. Enamikul inimestest on raske niisuguste armidega inimestega suhelda. Vahel ei suuda isegi ohvri pereliikmed temaga einestada. Ravi ajal ei pruugi patsient põlenud liha kratsimist taluda ja kõige hullematel juhtudel tekivad niisugusel patsiendil vaimsed hälbed või ta sooritab ravi ga kaasneva lämbumistunde ja piina tõttu enesetapu. Kui lapsel on põletus, tunnevad lapsevanemad

oma südames samuti valu.

Aga kõige hullem põletus selles maailmas ei ole võrreldav korduvate otsatute karistustega, millega põrgus päästmata väikelaste hingesid karistatakse. Põrgus viibivatele lastele pealesurutava valu suurust ja karistuste julmust on lihtsalt võimatu ette kujutada.

Nende korduvate karistuste eest ei ole kusagile joosta ega varjuda

Lapsed jooksevad ja jooksevad, et vältida neid kolmeharuliste odadega taga ajavaid põrgu sõnumitoojaid ja nad kukuvad väljapääsmatult kaljult keevasse vette. Nad vajuvad täiesti keeva vee sisse. Keev vesi jääb nende ihu külge kinni nagu kleepuv laava ja lõhnab halvasti. Pealegi läheb vastikustäratav ja kleepuv keev vesi nende ninasõõrmetesse ja suhu, kui nad püüavad keeva vee lombist pääseda. Kuidas saaks seda võrrelda mingisuguse selle maailma põletusega, hoolimata sellest, kui tõsine see olla võib?

Nende laste meeled ei ole tundetud, isegi kui neid piinatakse korduvalt ja vahetpidamata. Nad ei saa hulluks minna ega minestada unustamiseks ja nende valu ei unune isegi veidikeseks, samuti ei saa nad põrgus valu vältimiseks enesetappu sooritada. Kui haletsusväärne see on!

Niiviisi kannatavad umbes kolme-, nelja- ja viieaastased lapsed alumises hauas taolist kohutavalt suurt valu, mis on nende pattude eest karistuseks. Kas te siis suudate ette kujutada põrgu teistes osades olevate vanemate inimeste karistuste liike ja suurust?

4. Lapsed kuuendast kaheteistkümnenda eluaastani

Missugused karistused tabavad alumises hauas viibivaid kuue
– kuni kaheteistaastasi päästmata lapsi?

Maetud verejõe alla

Maailma loomisest alates on arvukad päästmata hinged alumises hauas hirmsate piinade kogemise käigus oma verd valanud. Kui palju verd on nad valanud, eriti, kuna nende käed ja jalad taastusid kohe pärast äralõikamist?

Verehulgast piisab jõe loomiseks, sest nende karistust korratakse lõpmatult, hoolimata juba voolanud vere hulgast. Ka selles maailmas moodustab inimveri pärast suurt sõda või verevalamist väikese verelombi või –oja. Sel juhul on õhk täis halba lõhna, mis tuleb mädanevast verest. Kuumadel suvepäevadel on lõhn halvem ja igasugused kahjulikud putukad kihavad ja nakkushaigused muutuvad epideemiaks.

Põrgu alumises hauas ei ole väike loik ega väike nire, vaid lai ja sügav verejõgi. Umbes kuue– kuni kaheteistaastaseid lapsi karistatakse jõekaldal ja maetakse sinna. Mida tõsisemaid patte nad on sooritanud, seda lähemale jõele ja seda sügavamale nad maetakse.

Maa kaevamine

Lapsi, kes on verejõest kaugel eemal, ei maeta maha. Kuid nad on nii näljased, et nad kaevavad kõva maapinda paljaste kätega, et midagi süüa leida. Nad kaevavad meeleheitlikult ja asjatult, kuni nende küüned tulevad ära ja sõrmeotsad muutuvad töntsiks. Nende sõrmed on esialgsest poole väiksemaks kulunud ja verest läbimärjad. Isegi nende sõrmeluid on näha. Lõpuks kuluvad nii nende peopesad kui ka sõrmed. Aga valust hoolimata on need lapsed kaevama sunnitud, ähmase lootusega toitu leida.

Jõele lähemale jõudes võib lihtsalt näha, et lapsed on veel kurjemad. Mida kurjemad lapsed on, seda lähemale jõele nad asuvad. Nad võitlevad isegi üksteisega, et äärmise nälja tõttu üksteise ihu hammustada, samal ajal kui nad on vööni maa sisse maetud.

Kõige kurjemaid lapsi karistatakse otse jõekallastel ja nad on kaelani maha maetud. Selle maailma inimesed surevad lõpuks kui nad kaelani maha maetakse, sest veri ei saa ihus ringelda. Surma puudumine tähendab vaid põrgus karistatavate hingede lõpmatut piina.

Nad kannatavad jõe leha tõttu. Igasugused kahjulikud putukad nagu sääsed või kärbsed, mis tulevad jõest, hammustavad laste nägusid, kuid nad ei saa putukaid lömastada, sest nad on maa sisse maetud. Lõpuks paistetavad nende näod nii üles, et neid ei ole enam võimalik ära tunda.

Armetud lapsed: põrgu sõnumitoojate mängukannid

See pole mingis mõttes laste kannatuste lõpp. Nende kõrva trummikiled võivad rebeneda jõekaldal puhkavate ja omavahel naervate ja rääkivate põrgu sõnumitoojate valju naeru tõttu. Kui põrgu sõnumitoojad puhkavad, trambivad nad ka nende mahamaetud laste peade peal või istuvad nende otsa. Põrgu sõnumitoojate riided ja kingad on varustatud kõige teravamate esemetega. Seega muljutakse laste päid, nende näod rebitakse ribadeks või nende juuksed tõmmatakse puhmastena peast, kui sõnumitoojad neid lapsi trambivad või nende peal istuvad. Pealegi lõikavad sõnumitoojad laste nägusid või tallavad nende peade peal. Kas see pole julm karistus?

Te võite mõtelda: „Kas algkooliealised lapsed võivad teha piisavalt pattu, et niisugust julma karistust pälvida?" Hoolimata sellest, kui noored need lapsed ka poleks, neil on pärispatt ja patud, mida nad tahtlikult tegid. Vaimne seadus, mis kirjutab ette, et „patu palk on surm," kehtib universaalselt igaühele, hoolimata ta vanusest.

5. Noorukid, kes pilkasid prohvet Eliisat

2. Kuningate raamatus 2:23-24 kirjeldatakse vaatepilti, kus prohvet Eliisa läks Jeerikost Peetelisse. Kui prohvet teed mööda läks, tulid linnast noorukid ja pilkasid teda, öeldes: „Tule üles, kiilaspea!" Eliisa ei suutnud seda enam taluda ja needis lõpuks lapsed ära. Metsast tulid kaks emakaru ja kiskus nelikümmend kaks poissi lõhki. Mis teie arvates juhtus nende neljakümne kahe poisiga alumises hauas?

Kaelani maha maetud

Kaks emakaru kiskusid nelikümmend kaks poissi lõhki. Kujutage siis ette, kui paljud lapsed võisid prohveti järgi minna ja teda pilgata. Eliisa oli prohvet, kes tegi palju vägevaid Jumala tegusid. Teiste sõnadega, Eliisa ei oleks saanud neid needa, kui nad oleksid teda vaid mõne sõnaga pilganud.

Nad käisid ta järel ja pilkasid teda, öeldes: „Tule üles, kiilaspea!" Nad viskasid teda ka kividega ja torkisid teda kepiga. Prohvet Eliisa manitses neid tõenäoliselt esialgu ja tõreles nendega tõsiselt, kuid ta oleks neednud neid üksnes seetõttu, kui nad oleksid andekssaamiseks liiga kurjad olnud.

See juhtum leidis aset mitu tuhat aastat tagasi, kui inimestel oli palju parem südametunnistus ja kurjus ei olnud nii valdav kui praegusel ajal. Need lapsed pidid olema piisavalt kurjad, et pilgata ja mõnitada Eliisa taolist vana prohvetit, kes tegi Jumala vägevaid tegusid.

Alumises hauas karistatakse neid lapsi verejõe juures, kus nad on kaelani maha maetud. Nad lämbuvad kõige halvema jõest tuleva leha tõttu ja neid hammustavad samuti igasugused kahjulikud putukad. Lisaks piinavad neid julmalt põrgu sõnumitoojad.

Vanemad peavad oma lapsi juhtima

Kuidas kaasaja lapsed käituvad? Mõned nende seast jätavad oma sõbrad külma kätte, võtavad nende taskuraha või lõunasöögi raha, peksavad neid ja isegi põletavad neid sigaretiotstega – kõike vaid tollepärast, et neile ei meeldi teised lapsed. Mõned lapsed sooritavad isegi enesetapu, sest nad ei suuda enam taluda niisugust korduvat julma kiusamist. Teised lapsed loovad organiseeritud gänge kooliajal ja tapavad isegi inimesi, jäljendades mõnd kurikuulsat kurjategijat.

Seega, vanemad peaksid kasvatama oma lapsi niimoodi, et nad takistaksid laste selle maailma viisidega mugandumist ja juhataksid neid selle asemel, et neil kujuneks välja ustav ja jumalakartlik elu, mida nad elavad. Kui kohutavalt kahju teil on, kui teie lähete Taevasse ja näete oma lapsi põrgus piinlemas? Sellele on isegi õudne mõtelda.

Seega te peaksite oma armsaid lapsi kasvatama, et nad elaksid usuelu, mis on tõega kooskõlas. Näiteks te peaksite oma lastele õpetama, et nad ei räägiks ega jookseks ülistusteenistuse ajal ringi, vaid palvetaksid ja kiidaksid Jumalat kogu südamest, meelest ja hingest. Ka väikelapsed, kes ei mõista oma ema öeldut, magavad hästi ja ei nuta ülistusteenistuste ajal kui nende emad nende eest palvetavad ja neid usus kasvatavad. Ka need imikud saavad oma käitumise eest Taevas tasu.

Kolme-neljaastased lapsed suudavad Jumalat ülistada ja palvetada, kui nende vanemad neid seda harilikult tegema õpetavad. Sõltuvalt vanusest, võivad palved olla eri sügavusega. Vanemad võivad õpetada oma lapsi palveaega vähehaaval suurendama, nt viiest kümne minutini, kolmekümne minutini, tunni ajani ja nii edasi.

Ükskõik kui noored need lapsed ka poleks, kui vanemad õpetavad neile Sõna nende ea ja arusaamise taseme kohaselt ja valgustavad neid, et Sõna kohaselt elada, püüavad lapsed sageli veel rohkem Jumala Sõnast kinni pidada ja elada Talle meeldival moel. Nad parandavad ka meelt ja tunnistavad pisarais oma patte, kui Püha Vaim neis tööd teeb. Ma julgustan, et te õpetaksite neile reaalselt, kes on Jeesus Kristus ja juhataksite nad usus kasvama.

5. Peatükk

Karistused inimestele, kes surevad pärast puberteediiga

1. Karistuse esimene tase
2. Karistuse teine tase
3. Vaarao karistus
4. Karistuse kolmas tase
5. Pontius Pilaatuse karistus
6. Iisraeli esimese kuninga Sauli karistus
7. Juudas Iskarioti neljanda taseme karistus

*„Alla surmavalda on tõugatud su kõrkus,
su naablite helinad;
su alla on laotatud ussikesi
ja sind katavad vaglad."*
- Jesaja 14:11 -

*„Pilv kaob ja läheb ära: nõnda ei tõuse ka see,
kes läheb alla surmavalda."*
- Iiob 7:9 -

Karistused inimestele, kes surevad pärast puberteediiga

Igaüks, kes läheb Taevasse, saab erineva tasu ja au, mis vastab tema tegudele selles elus. Vastupidi, alumise haua eri karistused pannakse inimeste peale vastavalt nende kurjadele tegudele selles elus. Põrgus kannatavad inimesed kohutava pideva valu tõttu ja valu tugevus ja piin erinevad teiste omadest, sõltuvalt nende selles elus tehtud tegudest. Hoolimata sellest, kas inimene läheb lõpuks Taevasse või põrgusse, lõikab ta seda, mida ta külvas.

Mida rohkem te pattu tegite, seda sügavamale põrgusse te lähete ja mida tõsisemad on teie patud, seda piinavamat valu te põrgus tunnete. Karistuste tõsidus määratakse vastavalt sellele, kui palju inimene on Jumala südamega vastuolus – ehk teiste sõnadega, kui palju ta sarnaneb Lutsiferi patuloomusele.

Galaatlastele 6:7-8 öeldakse: *„Ärge eksige: Jumal ei lase ennast pilgata, sest mida inimene iganes külvab, seda ta ka lõikab. Kes oma lihalikule loomusele külvab, see lõikab lihalikust loomusest kaduvust, kes aga Vaimule külvab, see lõikab Vaimust igavest elu."* Sel viisil lõikate te kindlasti seda, mida te külvasite.

Millised karistused saavad alumises hauas inimesed, kes surevad pärast puberteediiga? Selles peatükis räägin ma neljast alumise haua karistuste tasemest, mis pannakse hingede peale nende selles maailmas tehtud tegudele vastavalt. Ühelt poolt, palun saage aru, et ma ei saa siin ära tuua liiga piltlikke üksikasju, kuna see lisaks teile liigsel määral hirmu.

1. Karistuse esimene tase

Mõnesid hingi sunnitakse seisma liival, mis on seitse korda kuumem kui selle maailma kõrbe- või rannaliiv. Nad ei saa kannatuste eest põgeneda, sest nad on otsekui keset suurt kõrbe. Kas te olete käinud kunagi paljajalu kuumal suvepäeval põletavalt kuuma liiva peal? Te ei suuda seda valu taluda isegi siis, kui te püüate rannas kuumal päikesepaistelisel suvepäeval kümme-viisteist minutit käia. Maailma troopilises osas on liiv palju kuumem. Pidage meeles, et alumise haua liiv on seitse korda kuumem selle maailma kõige kuumemast liivast.

Kui ma käisin Pühal Maal palverännakul, siis proovisin ma bussi peale mineku asemel joosta mööda Surnumereni viivat asfaltteed. Ma hakkasin kahe minuga reisil kaasas olnud palveränduriga kiiresti jooksma. Esiteks ei tundnud ma mingit valu, kuid poolel teel tundsin ma mõlema jalatalla all põletavat tunnet. Kuigi me tahtsime kannatustest pääseda, polnud kusagile minna; mõlemal pool teed olid kruusamaardlad, kus oli sama kuum.

Lõpuks jooksime me tee teise otsa, seal võisime me oma jalad lähedalasuva basseini külma vette pista ja neid seal leotada. Õnneks ei saanud keegi meist põletada. Jooks kestis vaid kümme minutit ja sellest piisas talumatu piina tekitamiseks. Kujutage siis ette, et teid sunnitakse seisma igavesti liival, mis on igasugusest selles maailmas leiduvast liivast seitse korda kuumem. Hoolimata sellest kui talumatult kuum liiv ka poleks, pole karistuse vähenamiseks ega lõpetamiseks kindlasti mingit võimalust. Kuid see on kõigist alumise haua karistustest kõige kergem.

Karistused inimestele, kes surevad pärast puberteediiga

Teist hinge piinatakse erineval viisil. Teda sunnitakse lamama raskel tulikuumaks köetud kaljul ja teda karistatakse pideva lõputu praadimisega. See vaatepilt sarnaneb säriseva grill-liha küpsetamisega. Just siis pillatakse ta ihule teine tulikuumaks köetud kivi, mis muljub puruks nii ihu kui ka kogu selle sisemuse. Kujutage ette mingit triigitavat riietust: triikimislauaks on kalju, millele pannakse riietus – hukkamõistetud hing – ja triikimisraud on teine kalju, mis pressib riietuse.

Kuumus on üks osa piinast; ihuliikmete puruks muljumine on aga hoopis teine osa. Kividevaheline surve lömastab jäsemed tükkideks. See on piisavalt suure jõuga, et inimese ribid ja siseelundid kildudeks purustada. Kui pealuu puruneb kildudeks, hüppavad silmamunad sellest välja ja kogu koljuvedelik voolab pursates välja.

Kuidas võib ta kannatust kirjeldada? Kuigi ta on füüsilise kujuta hing, tunneb ta ikkagi ja kannatab kohutavat valu, nii nagu ta tundis valu selles elus. Ta on pidevas piinas. Koos teiste piinatud hingede läbilõikavate kiljatustega kaebleb ja hüüab see oma kartuse ja õuduse lõksus olev hing: „Kuidas ma saaksin sellest piinast pääseda?"

2. Karistuse teine tase

Luuka 16:19-31 toodud rikka mehe ja Laatsaruse loo kaudu saame me vilksamisi näha alumise haua armetust. Ma kuulsin Püha Vaimu väe vahendusel alumises hauas piinatava inimese kaeblemist. Ma kuulsin järgmist tunnistust ja ma palun, et te ärkaksite oma vaimsest unest.

Mind lohistatakse siia ja sinna,
kuid lõppu sellele pole.
Ma jooksen ja jooksen, kuid lõppu ei ole.
Ma ei leia kusagilt pelgupaika.
Mu nahk koorub maha ses kohas,
täis halvimat haisu.
Putukad näksivad mu liha.
Ma püüan joosta ja pagen nende eest,
aga ma olen alati samas kohas.
Nad hammustavad ja söövad mu ihu ikkagi;
nad imevad mu verd.
Ma värisen kabuhirmu ja kartuse käes.
Mida saaksin ma teha?

Palun, ma anun sind,
las inimesed teada, mis minuga juhtus.
Räägi neile minu piinast,
et nad ei lõpetaks siin.
Ma tõesti ei tea, mida teha.
Ma kardan väga ja tunnen kabuhirmu,
Ma võin vaid oiata.
Pelgupaiga otsimisest pole kasu.
Mu selga kraabitakse.
Mu käsi hammustatakse.
Mu nahk kooritakse ära.
Mu lihaseid süüakse.

Karistused inimestele, kes surevad pärast puberteediiga

Nad imevad mu verd.
Kui see lõpeb,
lükatakse mind tulejärve.
Mida ma teha saan?
Mida ma tegema peaksin?

Kuigi ma ei uskunud, et Jeesus on mu Päästja,
arvasin ma, et olen hea südametunnistusega.
Kuni mind visati alumisse hauda,
ma ei mõistnud kunagi, et olin nii palju pattu teinud!
Nüüd ma kahetsen ja kahetsen tehtut.
Palun, tee kindlaks,
et teisi minusarnaseid poleks.
Paljud siin, elavatena,
mõtlesid, et nad elasid head elu.
Kuid nad on kõik siin.
Paljud, kes tunnistasid usku
ja mõtlesid, et nad elavad
Jumala tahte kohaselt, on samuti siin
ja neid piinatakse hullemini kui mind.

Ma soovin minestada, et unustada kannatused
natukesekski, kuid ma ei saa.
Ma ei saa puhata, kuigi ma sulen silmad.
Kui ma silmad avan,
pole midagi näha ja miski pole käegakatsutav.
Kui ma jooksen ära siia ja sinna,
olen ma ikkagi samas kohas.

Mida ma saan teha?
Mida ma peaksin tegema?
Ma anun Sind, palun tee kindlaks,
et keegi teine
ei tuleks mu jälgedes!

See hing on suhteliselt hea inimene, võrreldes paljude teiste alumises hauas viibijatega. Ta anub, et Jumal laseks inimestel teada, mis temaga juhtus. Ka niisuguses äärmises piinas, tunneb ta muret hingede pärast, kes seal lõpetada võivad. Nii nagu rikas mees palus hoiatada oma vendi, et nad ei satuks „ka sinna piinapaika," see hing palub samuti Jumalat (Luuka 16. peatükk).

Kuigi neis, kes saavad kolmanda ja neljanda taseme karistuse alumises hauas, ei ole isegi niisugust headust. Seega nad vaidlevad Jumalale vastu ja süüdistavad halastamatult teisi.

3. Vaarao karistus

Vaarao, Moosesele vastu seisnud Egiptuse valitseja, saab teise taseme karistuse, kuid karistuse suurus ulatub kolmanda taseme karistuse piirini.

Missugust kurja tegi vaarao selles elus, et niisugust karistust pälvida? Miks ta saadeti alumisse hauda?

Kui iisraellasi orjadena rõhuti, kutsus Jumal Moosese, et ta tooks Ta rahva Egiptusest välja ja juhiks nad tõotatud Kaananimaale. Mooses läks vaarao juurde ja ütles talle, et ta

Karistused inimestele, kes surevad pärast puberteediiga

laseks iisraellastel Egiptusest lahkuda. Kuid vaarao mõistis iisraellaste sunnitöö väärtust ja ei lasknud neil ära minna. Moosese kaudu saatis Jumal vaaraole, tema ametnikele ja rahvale kümme nuhtlust. Niiluse veest sai veri. Konnad, sääsed ja kärbsed täitsid kogu maa. Lisaks tabasid vaaraot ja ta rahvast ka kariloomade katk, paised, rahe, rohutirtsud ja pimedus. Iga nuhtluse korral lubas vaarao Moosesele, et ta laseb iisraellastel Egiptusest minna, kui see edasised nuhtlused ära hoiab. Kuid vaarao ei täitnud oma lubadusi ja paadutas pidevalt oma südant pärast iga korda kui Mooses palus Jumalat ja Jumal eemaldas maalt surmatoovad nuhtlused. Vaarao lasi lõpuks Iisraeli rahval minna, aga ta tegi seda alles pärast seda kui iga egiptlaste esmasündinud poeg, troonipärijast orjade esmasündinud poegadeni ja samuti ka kõigi kariloomade esmasündinud, surid.

Kuid varsti pärast viimast nuhtlust muutis vaarao taas meelt. Tema ja ta sõjavägi hakkas iisraellasi, kes lõid Punase mere ääres oma laagri üles, taga ajama. Iisraellased olid kabuhirmus ja hüüdsid Jumalat appi. Mooses tõstis saua ja sirutas oma käe Punase mere kohale. Siis sündis ime. Jumala vägi jagas Punase mere kaheks. Iisraeli rahvas läks mööda kuiva maad Punasest merest läbi ja egiptlased tulid nende järel merre. Kui Mooses sirutas mere teisel kaldal taas mere kohale käe, siis: *„Ja vesi tuli tagasi ning kattis sõjavankrid ja ratsanikud, kogu vaarao sõjaväe, kes oli tulnud neile merre järele; ei jäänud neist üle ühtainsatki"* (2. Moosese raamat 14:28).

Piiblis uskusid ja kummardasid Jumalat paljud hea iseloomuga paganatest kuningad. Kuid vaarao meel oli paadutatud, isegi kui ta nägi kümme korda Jumala väge. Selle tulemusel tabasid vaaraod tõsised õnnetused nagu näiteks tema troonipärija suri, ta sõjavägi hävis ja rahvas vaesus.

Tänapäeval kuulevad inimesed kõigeväelisest Jumalast ja tunnistavad Ta väge oma silmaga. Kuid nad paadutavad oma südant nii nagu vaarao tegi. Nad ei võta Jeesust oma Päästjaks vastu. Pealegi nad keelduvad oma pattudest meelt parandamast. Mis nendega juhtub, kui nad elavad edasi samamoodi nagu praegu? Lõpuks saavad nad alumises hauas vaaraoga samal tasemel karistuse.

Mis juhtub vaaraoga alumises hauas?

Vaaraot hoitakse reovees

Vaaraot hoitakse lehkavas reovee lombis. Ta ihu on lompi kinni seotud, seega ta ei saa liigutada. Ta ei ole üksinda, kuid teised hinged on sinna sarnasel tasemel pattude eest kinni pandud.

See, et ta oli kuningas, ei taga talle alumises hauas paremat kohtlemist. Selle asemel pilkavad ja piinavad põrgu sõnumitoojad vaaraod veelgi rohkem, kuna ta oli võimul, kõrk ja teised teenisid teda ning ta elas külluses.

Veekogu, kus vaarao asub, ei ole täidetud vaid reoveega. Kas te olete kunagi näinud vees või reovees olevaid mädanenud roiskunud ihusid? Kuidas on lood sadamates, kus laevad silduvad? Sellised kohad on täis bensiini, prügi ja haisu. Tundub võimatu, et niisuguses keskkonnas võiks olla mingit elu. Kui te kastaksite käe sellesse vette, te tunneksite muret oma naha pärast, sest te nahk saastuks kogu vees sisalduva ilge sisu tõttu.

Vaarao pannakse sinna kinni. Lisaks täidetakse see veelomp arvukate jubedate putukatega. Nad on vastsete sarnased, kuid palju suuremad.

Putukad näkitsevad ihu pehmemaid osasid

Need putukad lähenevad lompi kinni pandud hingedele ja hakkavad esiteks nende ihu pehmemaid osasid näkitsema. Nad järavad silmi ja tungivad silmakoobaste kaudu pealuusse ja hakkavad aju näksima. Kas te kujutate ette kui valus see on? Lõpuks närivad nad kõike, peast varvasteni. Millega võib seda piina võrrelda?

Kui valus see on, kui tolm teile silma läheb? Kuivõrd palju kordi valusam on see, kui putukad teie silmi näksivad? Kas te usute, et te suudate taluda toda valu, kui putukad kogu te ihu uuristavad?

Oletame nüüd, et teie sõrmeküünte alla viiakse nõel või see läbistab teie sõrmeotsi. Need putukad koorivad nahka edasi ja kraabivad aeglaselt lihaseid, kuni luud paljastatakse. Need putukad ei peatu käeseljal. Nad liiguvad kiiresti käsivartele ja õlgadele ja alla rinnale, alakõhule, jalgadele ja tuharatele. Kinnipeetavad hinged kannatavad piina ja sellega kaasnevat valu.

Putukad näkitsevad korduvalt siseelundeid

Enamik naistest tunneb tõukusid nähes hirmu, veel vähem soovivad nad neid puudutada. Kujutage nüüd ette palju jubedamaid putukaid, kes on tõukudest palju suuremad ja kes kõrvetavad hukkamõistetud hingesid. Esiteks läbistavad putukad alakõhu kaudu nende ihu. Siis hakkavad nad ihu järama, alustades viiest siseelundist ja kuuest sisikonna organist. Siis imevad putukad ajuvedeliku ära. Kogu selle aja jooksul ei saa hukkamõistetud hinged nendest end vabaks võidelda, liigutada ega nende hirmsate putukate eest põgeneda.

Putukad näksivad vähehaaval ihu, sel ajal kui hinged vaatavad pealt, kuidas nende ihuliikmeid valitakse ja järatakse. Kui me näeme niisugust piina vaid kümne minuti jooksul, läheme me hulluks. Üks niisugustest hukkamõistetud hingedest selles kohas on vaarao, kes vaidles Jumalale ja Ta sulasele Moosesele vastu. Ta kannatab selle piinava valu käes sel ajal kui ta on täiesti ärkvel, ta näeb kõike elavalt ja tunneb, kuidas ta ihuliikmeid näritakse ja kraabitakse.

Kas piin lõpeb kui putukad ihu ära näkitsevad? Ei. Mõne aja pärast taastuvad kraabitud ja näksitud ihuliikmed ja putukad ruttavad hinge juurde tagasi, järades erinevaid ihuliikmeid. Miski ei peata ega lõpeta seda. Valu ei vähene ja inimene ei harju selle piinaga ega muutu sellele tuimaks.

Nii toimib vaimumaailm. Taevas taastub vili, kui Jumala lapsed söövad puust vilja. Alumises hauas sünnib samamoodi, hoolimata sellest, kui palju kordi või kui palju need putukad te ihuliikmeid näksivad, taastub iga ihuliige kohe pärast katkiminekut ja lagunemist.

Isegi kui inimene elas ausat ja teadlikku elu

Ausate inimeste seas on neid, kes ei taha Jeesust ja evangeeliumi ja kes otsustavad neid mitte vastu võtta. Nad

Karistused inimestele, kes surevad pärast puberteediiga

näevad head ja üllad välja, aga nad ei ole tõe kohaselt head ja üllad.

Galaatlastele 2:16 meenutatakse meile: „*aga teades, et inimene ei saa õigeks Seaduse tegude kaudu, vaid ainult usu läbi Kristusesse Jeesusesse, siis oleme ka meie uskunud Kristusesse Jeesusesse, et saada õigeks usust Kristusesse ja mitte Seaduse tegude kaudu, sest Seaduse tegude kaudu ei mõisteta õigeks ühtegi inimest.*" Õige inimene on see, kes saab päästetud Jeesuse Kristuse nime läbi. Vaid siis võib ta kõik oma patud usu läbi Jeesusesse Kristusesse andeks saada. Pealegi, kui ta usub Jeesust Kristust, kuuletub ta kindlasti Jumala Sõnale.

Kui hoolimata rohketest tõenditest selle kohta, et Jumal lõi universumi ja Tema sulaste läbi nähtavaks saanud imedest ja väest, kõigeväelist Jumalat ikkagi salatakse, on tegu paadunud südametunnistusega kurja inimesega.

Ta võis oma väljavaate põhjal arvata, et ta elas ausalt. Aga kui ta pidevalt Jeesust Päästjana salgas, ei ole tal peale põrgu kusagile mujale minna. Aga kuna niisugused isikud elasid võrdlemisi head ja ausat elu, kui oma patuseid soove järginud kurjad inimesed, kes tegid pattu nii palju kui nad tahtsid, saavad nad alumises hauas kas esimese või teise taseme karistuse.

Enamik nende seast, kes surevad isegi evangeeliumi vastuvõtmise võimaluseta, saaab esimese või teise taseme karistuse, kui nad ei läbi südametunnistuse kohut. Ja võib oletada, et hing, kes saab alumises hauas kolmanda või neljanda taseme karistuse, oli tõenäoliselt paljudest teistest halvem ja kurjem.

4. Karistuse kolmas tase

Kolmanda ja neljanda taseme karistused on kõigile neile, kes pöördusid Jumala vastu ja kelle südametunnistus sai tulise rauaga põletatud, kes Püha Vaimu laimasid ja pilkasid ja jumalariigi rajamisele ja laienemisele vahele sekkusid. Pealegi saab igaüks, kes Jumala kogudusi ilma tugeva tõendita „ketserlikeks" pidas, samuti kolmanda või neljanda taseme karistuse.

Enne alumise haua kolmanda taseme karistust lähemalt vaadeldes vaatleme lühidalt erinevaid inimeste poolt väljamõeldud piinaviise.

Julmad inimeste väljamõeldud piinad

Sel ajal kui inimõigused kuulusid igapäevase tegelikkuse asemel pigem fantaasiavaldkonda, leiutati ja kasutati arvutuid ihulikke karistusi, kaasa arvatud igasugused piina- ja tapmise viisid.

Näiteks keskaja Euroopas viisid vangivalvurid vangi hoone keldrikorrusele, et viimaselt tunnistust saada. Tee peal nägi vang põrandal verejälgi ja ruumis nägi ta erinevad piinamiseks kasutatavaid ja valmistatud riistasid. Ta kuulis läbi hoone kõlavaid talumatuid karjeid, mis teda rõhusid.

Üks kõige tavalisemaid piinaviise oli see, et vangi (või keegi teine piinatava) sõrmed ja varbad pandi pisikestesse metallraamidesse. Metallraame pinguldati, kuni sõrmed ja varbad muljuti puruks. Siis tõmmati ta sõrme- ja varbaküüned üksteise kaupa ära kui metallraami vähehaaval pinguldati.

Karistused inimestele, kes surevad pärast puberteediiga

Kui vang ei tunnistanud pärast seda midagi üles, tõmmati ta üles, ta käsivarred olid tagurpidi ja ihu oli igas suunas väändunud. Niisuguse piinamise käigus tekitati lisavalu, kui ta ihu tõsteti üles ja lasti siis eri kiirusega maha kukkuda. Kõige hullemal juhul seoti vangi pahkluu külge raske rauatükk, kui ta ikka veel üleval rippus. Raud oli piisavalt raske, et ta ihus kõik lihased ja luud lõhestada. Kui vang ikka veel üles ei tunnistanud, kasutati jubedamaid ja piinarikkamaid piinaviise.

Siis pannakse vang istuma spetsiaalselt piinamiseks valmistatud tooli. Tooli istmele, seljatoele ja – jalgadele pandi tihedalt tillukesed puurid. Seda hirmuäratavat eset nähes püüdis vang elu eest minema joosta, aga temast palju suuremad ja tugevamad vangivalvurid sundisid ta tagasi tooli. Hetkega tundis vang, kuidas puurid ta ihu läbistasid.

Teine piinaviis oli kahtlusaluse või vangi pea alaspidi riputamine. Pärast tundi aega muutus tema vererõhk ülikõrgeks, ajuveresooned lõhkesid ja veri voolas ajust silmade, nina ja kõrvade kaudu välja. Ta ei suutnud enam näha, haista ega kuulda.

Vahel kasutati vangi kuuletumisele allutamiseks tuld. Ametiisik lähenes kahtlusalusele põleva küünlaga. Ta pani küünla kahtlustatava kaenlaalustesse või taldade alla. Kaenlaaluseid põletatakse, sest need on inimkeha ühed tundlikumad osad, aga jalataldu põletatakse, sest seal on valu kauem aega tuntav.

Muudel kordadel sunniti kahtlusalust paljaste jalgadega kuumutatud raudsaapaid kandma. Siis tõmbas piinaja pehme liha maha. Või piinaja lõikas vangi keele või põletas ta suulage kuumade raudtangidega. Kui vangile määrati surmanuhtlus, visati ta rattasarnase raami peale, mis oli tehtud ihu tükkideks rebimiseks. Kiire pöörlemine tõmbas ihu tükkideks, kui vang oli veel elus ja teadvuse juures. Vahel surmati vangid sellega, et nende ninasõõrmetesse ja kõrvaaukudesse valati sulatina.

Teades, et nad ei suudaks piinamise heitlust taluda, andsid paljud vangid piinajatele ja vangivalvuritele kiire ja valutu surma eest sageli altkäemaksu.

Need on mõned inimese leiutatud piinaviisid. Pelgast ettekujutusest piisab hirmumõtete tekitamiseks. Siis võite te juba ette kujutada, et Lutsiferi karmi juhatuse all olevate põrgu sõnumitoojate teostatavad piinad võivad olla üksnes palju piinarikkamad kui igasugused eales inimese poolt leiutatud piinaviisid. Põrgu sõnumitoojatel puudub kaastunne ja neil on vaid hea meel, kui nad kuulevad hingede karjeid ja hirmuhüüdeid alumises hauas. Nad püüavad alati mõtelda välja veelgi julmemaid ja valusamaid piinamistehnikaid, mida hingede peal kasutada.

Kas te võite lubada omale põrgusseminekut? Kas te võite lubada omale luksust näha, kuidas teie lähedased, pereliikmed ja sõbrad, põrgusse lähevad? Kõik kristlased peavad pidama oma kohuseks evangeeliumi levitamist ja kuulutamist ja kõikvõimaliku tegemist, et päästa kasvõi ükski hing veel põrgusse minemisest.

Mis on siis täpselt kolmanda taseme karistused?

i) Tontjas seakujuline põrgu sõnumitooja

Üks hing on alumises hauas puu külge seotud ja tema ihu lõigatakse vähehaaval tillukesteks tükkideks. Võib-olla te võite seda

Karistused inimestele, kes surevad pärast puberteediiga

võrrelda kala tükeldamisega sashimi valmistamise käigus. Inetu ja hirmuäratava välimusega põrgu sõnumitooja valmistab kõik vajalikud piinariistad. Nende seadmete hulka kuuluvad väga paljud riistad väikesest pistodast kirveni. Siis teritab põrgu sõnumitooja käia peal riistad teravaks. Riistu ei tule teritada, sest iga alumise haua riista äär püsib alati võimalikult terav. Ihumise tegelik eesmärk on piinamist ootavate hingede suurem hirmutamine.

Liha lõikamine, alates sõrmeotstest

Kui hing kuuleb riistade kõlksumist ja kui põrgu sõnumitooja läheneb talle judinaid tekitava irvega, on ta tõenäoliselt väga hirmul ja kohutatud!

„See nuga hakkab tükeldama mu liha...
See kirves lõikab varsti mu jäsemed...
Mis ma pean tegema?
Kuidas taluda valu?"

Juba üksnes õudustunne paneb ta lämbuma. Hing meenutab enesele pidevalt, et ta on seotud tugevalt puutüve külge ja ei saa liigutada ja tundub, otsekui läbistaks köis ta ihu. Mida rohkem ta püüab puu küljest põgeneda, seda tugevamalt kinnitub köis ta ihu ümber. Põrgu sõnumitooja läheneb talle ja hakkab tükeldama ta ihu, alates sõrmeotstest. Verekämpudega kaetud lihatükk kukub maha. Ta sõrmeküüned kisutakse välja ja veidi aja pärst lõigatakse ära ka sõrmed. Sõnumitooja lõikab liha ta sõrmedelt, randmeni ja õlani. Käele jäävad vaid luud. Siis liigub sõnumitooja allapoole, hinge sääremarjadele ja reite sisekülgedele.

Kuni siseorganid on nähtaval

Põrgu sõnumitooja hakkab ta kõhtu tükeldama. Kui viis siseelundit ja kuus siseorganit on näha, haarab ta need organid ja viskab need ära. Ta võtab ja rebib ka teisi organeid oma teravate riistadega. Selle hetkeni on hing olnud ärkvel ja kogu protsessi jälginud: tema liha väljalõikamist ja sisikonna väljaviskamist. Kujutage ette, et keegi sidus teid kinni ja lõikas te kehast tükikaupa osa ära, alates käeselgadest, iga tükk umbes sõrmeküüne suurune. Kui nuga puudutab teid, voolab veri jalamaid ja kannatus saab kohe alguse ning teie hirmu pole võimalik sõnadesse panna. Kui te saate alumises hauas selle kolmanda taseme karistuse, ei ole tegu üksnes teie ihutükikestega; kogu teie ihult tõmmatakse jupikaupa nahk, peast varvasteni ja ühekaupa tõmmatakse ära ka kogu teie sisikond.

Kujutage taas ette toorest kalast tehtud jaapani rooga sashimi't. Kokk eraldas vaevu selle luu ja naha. Ja ta tükeldas liha võimalikult õhukeselt. Toit seatakse valmis elusa kala kujuliselt. Kala näib ikka elus olevat ja võib näha, kuidas selle lõpused liiguvad. Restorani kokal ei ole kala vastu kaastunnet, sest kui ta kalale kaasa tunneks, ei saaks ta oma tööd teha.

Palun palvetage oma vanemate, abikaasa, sugulaste ja sõprade eest. Kui nad ei ole päästetud ja lõpetavad põrgus, kannatavad nad piina, mille käigus halastamatud põrgu sõnumitoojad lõikavad nende naha maha ja kraabivad nende luud ära. Meie kohus kristlastena on levitada häid sõnumeid, sest kohtupäeval peab Jumal meist igaüht kindlasti vastutavaks igaühe eest, keda me ei suutnud Taevasse kaasa tuua.

Hinge silma torkamine

Põrgu sõnumitooja võtab sel korral noa asemel puuri kätte. Hing teab juba, mis temaga juhtuma hakkab, sest ta ei talu seda esimest korda; alates päevast, mil ta toodi alumisse hauda, on teda juba niimpoodi sadu ja tuhandeid kordi piinatud. Põrgu sõnumitooja läheneb hingele ja pussitab ta silma puuriga sügavalt ja jätab puuri hetkeks silmakoopasse. Kui hirmul peab too hing olema, kui ta näeb puuri järjest lähemale tulemas? Puuri silmatorkamise valu on sõnadega võimatu väljendada.

Kas piin lõpeb sellega? Ei. Hinge nägu jääb. Põrgu sõnumitooja lõikab nüüd välja põsed, nina, otsmiku ja ülejäänud näo. Ta ei unusta hinge kõrvadest, huultelt ja kaelalt nahka lõigata. Kaela lõigatakse vähehaaval ja see muutub üha õhemaks, kuni see murdub praksatusega torso ülaosa küljest. See lõpetab ühe piinasessiooni, aga too lõpp tähistab vaid uue piinakorra algust.

Ei ole võimalik isegi kiljuda ega nutta

Veidi aja pärast taastuvad äralõigatud ihuliikmed, otsekui neile poleks midagi sündinud. Kui ihu taastub iseenesest, näib valu ja piin lühikese hetke jooksul lakkavat. Aga see paus meenutab hingele üksnes rohkem eesseisvaid piinu ja varsti hakkab ta kontrollimatu hirmu tõttu värisema. Kui ta ootab piina, on taas kuulda teritamise häält. Aeg-ajalt vaatab jälk seakujuline põrgu sõnumitooja teda hetkeks tontliku irvega. Sõnumitooja on valmis uueks piinakorraks. Agooniat tekitav piin algab taas. Kas te arvate, et te suudate seda taluda? Ükski ihuliige ei muutu piinariistade ega pideva valu tõttu tuimaks. Mida rohkem teid piinatakse, seda enam te kannatate.

Eestkoste all olev kahtlusalune või vang, keda hakatakse piinama, teab, et eesseisev kestab vaid lühiaegselt, aga ta tõmbleb ja väriseb ikka teda valdava hirmu tõttu. Oletame siis, et kole põrgu seakujuline sõnumitooja läheneb teile ja ta käes on erinevad riistad, mida ta üksteise vastu kokku lööb. Piina korratakse lõpmatult: liha äratükeldamine, siseorganite väljatõmbamine, silmade läbistamine ja paljud muud piinad jätkuvad.

Seega ei saa alumises hauas olev hing karjuda ega põrgu sõnumitoojatelt elu, halastust, vähem julmust ega midagi muud paluda. Teiste hingede karjed, halastushüüded ja piinariistade klirin ümbritsevad hinge. Niipea kui hing näeb põrgu sõnumitoojat, muutub ta tuhkjaskahvatuks ja tema suust ei ole pominatki kosta. Lisaks ta teab juba, et ta ei saa kannatustest vabaks enne kui ta visatakse tulejärve pärast ajastu lõpus toimuvat suure valge trooni kohut (Johannese ilmutus 20:11). Sünge reaalsus lisandub üksnes juba olemasolevale valule.

ii) Ihu õhupallina täispuhumise karistus

Igaüks, kellel on vähemalt veidi südametunnistust, tunneb end süüdi, kui ta teeb teise inimese tunnetele haiget. Või hoolimata sellest, kui palju inimene võis kedagi teist minevikus vihata, kui too vihatud isik on tänapäeval viletsas olukorras,

Karistused inimestele, kes surevad pärast puberteediiga

tõuseb tema vastu kahjutunne ja vihkamistunne väheneb vähemalt mõneks ajaks.

Aga kui inimese südametunnistus on otsekui tulise rauaga põletatud, on see inimene teiste piina suhtes täiesti apaatne ja ta võib oma eesmärkide saavutamiseks olla valmis sooritama ka kõige jäledamaid metsikusi.

Inimesi koheldakse prahi ja rämpsuna

II Maailmasõja ajal kasutati natsidiktatuuri valitsuse all oleval Saksamaal, Jaapanis, Itaalias ja mujal maades arvukaid inimesi katsealustena õudsates salajastes katsetes; sisuliselt asendasid need inimesed rotte, jäneseid ja muid tavalisi katseloomi.

Näiteks selleks, et saada teada terve isiku reaktsiooni ja kui kaua ta peab vastu erinevatele pahaloomulistele ainetele ja eri haigustega kaasnevate sümptomite teada saamiseks siirdati vähirakke ja teisi viirusi. Selleks, et saada kõige täpsemat teavet, lõigati elusa inimese kõht või kolju sageli lahti. Selleks, et määrata, kuidas keskmine inimene reageerib äärmisele külmale või kuumale, vähendati kiiresti toatemperatuuri või suurendati kiiresti temperatuuri veemahutis, kuhu katsealused olid kinni pandud.

Pärast seda kui „katsealused" olid oma eesmärgi täitnud, jäeti need inimesed sageli piinades surema. Katsealuste väärtusele või piinale mõteldi vähe.

Kui julm ja õudne olukord võis olla paljude sõjavangidel või muudel võimetutel isikutel, kes said nendeks kurikuulsateks katsealusteks, näha oma ihuliikmete tükeldamist ja nende tahte vastast nakatamist erinevate surmavate rakkude ja ainetega ja sõna otseses mõttes oma surma pealt nägemine?

Kuid alumise haua hingesid karistatakse veel julmematel viisidel kui ükskõik millised inimese poolt eales välja mõteldud katsed elusate ihude peal. Jumala enese kuju ja sarnasuse järgi loodud mehi ja naisi, aga ka neid hingesid, kes on kaotanud oma väärikuse ja väärtuse, koheldakse alumises hauas nagu äravisatud prahti või rämpsu.

Nii nagu me ei tunne prügi pärast kahjutunnet, ei tunne põrgu sõnumitoojad kahju– ega kaastunnet nende hingede vastu. Põrgu sõnumitoojad ei tunne end süüdi ja neil pole neist kahju ja ükski karistus ei ole kunagi piisav.

Luud purunevad ja nahk läheb lõhki

Seega näevad põrgu sõnumitoojad neid hingesid lihtsalt mänguasjadena. Nad puhuvad hingede ihud täis ja löövad ihusid üksteise võidu igale poole.

Toda vaatepilti on raske ette kujutada: Kuidas võiks pikka lamedat inimihu palli moodi täis puhuda? Mis juhtub siseelunditega?

Kui siseelundid ja kopsud õhku täis puhutakse, purunevad neid organeid kaitsvad ribid ja selgroog ühekaupa, osa osalt. Sellele lisaks tekitab pinguletõmmatud nahk pidevalt piinavat valu.

Põrgu sõnumitoojad mängivad nende päästmata hingede täispuhutud ihudega alumises hauas ja kui nad neist tüdinevad, teevad nad teravate odadega hingede kõhud lõhki. Nende veri ja

Karistused inimestele, kes surevad pärast puberteediiga

nahatükid lendavad tükkidena igasse suunda nagu täispuhutud õhupall rebeneb kummitükkideks, kui seda torgata.

Kuid nende hingede ihu taastub peagi täielikult ja nad pannakse taas esialgsesse karistuskohta. Kas see pole julm? Kui hinged maa peal elasid, armastasid neid teised ja neil oli mingisugune ühiskondlik seisund või nad võisid vähemalt nõuda põhilisi inimõigusi.

Kui hinged on juba alumises hauas, siis kuigi neil ei ole mingit õigust taga nõuda ja neid koheldakse vaid nagu maas olevat kruusa; on nende olemasolu väärtusetu.

Koguja 12:13-14 meenutatakse meile järgmist:

> *Lõppsõna kõigest, mida on kuuldud: Karda Jumalat ja pea Tema käske, sest see on iga inimese kohus! Sest Jumal viib kõik teod kohtusse, mis on iga salajase asja üle, olgu see hea või kuri.*

Need hinged on niisugusel kujul Tema kohtu kohaselt alandatud pelkadeks mänguasjadeks, millega põrgu sõnumitoojad mängivad.

Seega me peame olema teadlikud, et kui meil ei õnnestu inimese kohuse täitmine, mis tähendab, et kui me ei karda Jumalat ja ei pea Ta käske, ei tunnistata meid enam Jumala enese kuju ja sarnasuse kohaste väärtuslike hingedena, vaid selle asemel allutatakse meid alumise haua kõige julmematele karistustele.

5. Pontius Pilaatuse karistus

Jeesuse surma ajal oli Pontius Pilaatus Juuda piirkonnas ehk tänapäeva Palestiinas Rooma maavalitseja. Sellest päevast kui ta jõudis alumisse hauda, sai ta kolmanda taseme karistuse, millega kaasneb piitsutamine. Missugustel eri põhjustel piinatakse Pontius Pilaatust?

Hoolimata sellest, et ta teadis Jeesuse õigsust

Kuna Pilaatus oli Juuda maavalitseja, oli Jeesuse ristilöömise jaoks vaja tema luba. Rooma asevalitseja seisuses olev Pilaatus valitses kogu Juuda piirkonda ja tal oli kogu piirkonna eri kohtades palju maakuulajaid, kes tema heaks tööd tegid. Seega oli Pilaatus hästi teadlik Jeesuse tehtud arvukatest imedest, Tema armastuse sõnumist, haigete tervendamisest, Jumala kuulutamisest ja sarnasest, sest Jeesus kuulutas evangeeliumi kogu piirkonnas, kus elasid nii Tema kui ka Pilaatus. Lisaks järeldas Pilaatus oma maakuulajate esitatud raportite alusel, et Jeesus oli hea ja süütu inimene.

Pealegi, kuna Pilaatus oli teadlik sellest, et juudid tahtsid meeleheitlikult Jeesust kadeduse tõttu tappa, püüdis ta teda igati vabaks lasta. Aga kuna Pilaatus oli samuti veendunud, et juutide mitte kuulda võtmine oleks tema maakonnas suuri ühiskondlikke rahutusi tekitanud, lasi ta Jeesuse lõpuks juutide nõudmise tõttu risti lüüa. Kui ta võimupiirkonnas oleksid tekkinud rahutused, oleks Pilaatuse elu kindlasti vastutuse tõttu ohus olnud.

Lõpuks määras Pilaatuse arg südametunnistus tema surmajärgse

Karistused inimestele, kes surevad pärast puberteediiga

sihtkoha. Samamoodi nagu rooma sõdurid Jeesust Pilaatuse käsul enne ristilöömist piitsutasid, on ka Pilaatusele sama karistus määratud: põrgu sõnumitoojad piitsutavad teda lõpmatult.

Pilaatust piitsutatakse iga kord kui tema nime hüütakse

Niiviisi piitsutati Jeesust. Piits koosnes pika nahkrihma otsa pandud raua- või luutükkidest. Iga löögiga keerdus piits Jeesuse ihu ümber ja selle otsas olevad luu- ja metallitükid torkasid Ta ihu. Rebides tõmmati liha haavadest, mida piits tabas ja mis jättis suured sügavad haavad.

Samuti, mil iganes selle maailma inimesed hüüavad tema nime, piitsutavad põrgu sõnumitoojad Pilaatust alumises hauas. Iga ülistusteenistuse ajal deklameerivad paljud kristlased apostellikku usutunnistust. Alati kui öeldakse osa „kannatas Pontus Pilaatuse all," piitsutatakse teda. Kui sajad ja tuhanded inimesed samal ajal tema nime üheskoos ütlevad, sureneb tema piitsutamise määr ja iga piitsalöögi tugevus järsult. Vahel kogunevad Pilaatuse ümber teised põrgu sõnumitoojad ja pakuvad teistele ta piitsutamisel oma abi.

Kuigi Pilaatuse ihu on tükkideks rebitud ja verega kaetud, piitsutavad põrgu sõnumitoojad teda nii nagu nad võistleksid üksteisega. Piitsutamine rebib Pilaatuse ihu, paljastab ta luud ja avab ta luuüdi.

Tema keel on alatiseks eemaldatud

Piitsutamise ajal karjub Pilaatus pidevalt: „Palun ärge hüüdke mu nime! Ma kannatan iga kord kui seda hüütakse." Kuid ta suust pole kuulda mingit heli. Ta keel on ära lõigatud, sest sama keelega mõistis ta Jeesusele ristilöömise karistuse. Kui te tunnete valu, siis karjed ja kiljumine aitab veidi. Pilaatusel ei ole isegi niisugust võimalust.

Pilaatuse puhul on asjad veidi teistmoodi. Muude alumise haua hukkamõistetud hingede ihuliikmed taastuvad kui neid kraabitakse, lõigatakse ära või põletatakse. Aga Pilaatuse keel on needuse sümbolina alaliselt eemaldatud. Isegi kui Pilaatus palub ja anub, et inimesed ta nime ei ütleks, korratakse seda kohtupäevani. Mida rohkem ta nime mainitakse, seda tugevamini ta kannatab.

Pilaatus patustas tahtlikult

Kui Pilaatus andis Jeesuse risti löödavaks, võttis ta vett ja pesi rahva ees oma käed, öeldes inimestele: *„Ma olen süüta selle verest! Küll te näete!"* (Matteuse 27:24). Pilaatusele vastuseks kostsid juudid, kes tahtsid nüüd veelgi meeleheitlikumalt kui eales varem, et Jeesus tapetaks: *„Tema veri tulgu meie ja meie laste peale!"* (Matteuse 27:25).

Mis juhtus juutidega pärast Jeesuse ristilöömist? Aastal 40 m.a.j vallutas Rooma kindral Tiitus Jeruusalemma linna ja hävitas selle, sel ajal tapeti juute massiliselt. Sellest ajast saadik on nad kõikjal maailmas laiali pillutatud olnud ja neid rõhuti maades, mis polnud nende kodumaa. II Maailmasõja ajal asustati neid jõuga ümber arvukatesse koonduslaagritesse Euroopas, kus üle kuue miljoni juudi lämmatati surnuks gaasikambrites või tapeti muudel jõhkratel viisidel massiliselt. Pärast 1948. aastal iseseisvumist

Karistused inimestele, kes surevad pärast puberteediiga

seisis Iisraeli riik pidevalt silmitsi oma Lähis-Ida naabrite poolsete ähvarduste, vihkamise ja relvastatud vastupanuga.

Isegi kui juute tabas kättemaks, kuna nad nõudsid, et: „Tema veri tulgu meie ja meie laste peale!" ei tähenda see, et Pilaatuse karistust oleks kuidagi vähendatud. Pilaatus tegi tahtlikult pattu. Tal oli palju võimalusi mitte pattu teha, aga ta tegi seda ikkagi. Isegi ta naine õhutas, et Pilaatus ei laseks Jeesust tappa, kui ta oli unes hoiatuse saanud. Pilaatus eiras oma südametunnistust ja oma naise nõuannet ja määras ikkagi, et Jeesus tuli risti lüüa. Selle tulemusena pidi ta alumises hauas vastu võtma kolmanda taseme karistuse.

Ka tänapäeval sooritavad inimesed kuritegusid isegi siis, kui nad teavad, et tegu on kuritegudega. Nad paljastavad teistele omakasu saamiseks muude inimeste saladusi. Alumises hauas saavad kolmanda taseme karistuse teiste vastu salasepitsuste tegijad, valetunnistuse andjad, laimajad, mõrvamiseks või piinamiseks kildkondade või rühmituste moodustajad, argpükslikult käitujad, ohtlikul või vaevalisel ajal teiste reetjad ja sarnase tegijad.

Jumal vaatleb iga tegu

Nii nagu Pilaatus andis Jeesuse vere oma käsi sellest puhtaks pestes juutide kätte, süüdistavad mõned inimesed teisi mingi olukorra või tingimuse tõttu. Aga inimeste pattude eest lasub vastutus neil endil. Igaühel on vaba tahe ja neil ei ole üksnes otsustusõigus, vaid neid peetakse ka vastutavaks oma otsuste eest. Vaba tahe laseb meil otsustada, kas me usume, et Jeesus on meie Päästja ja kas me peaksime Isanda päeva pühitsema või mitte või kas me peaksime Jumalale kogu kümnise tooma ja muud sarnast. Kuid meie valiku tagajärg saab ilmsiks kas igavese taevase õnne või igavese põrgu karistuse näol.

Pealegi on iga teie kunagi langetatud otsus teie vastutusel, seega te ei saa kedagi teist selles süüdistada. Sellepärast te ei saa öelda asju nagu „ma jätsin Jumala oma vanemate tagakiusu tõttu" või „ma ei saanud Isanda päeva pühitseda ega kogu oma kümnist abikaasa tõttu Jumalale anda." Kui inimesel oleks olnud usku, oleks too inimene kindlasti jumalakartlik olnud ja kõiki Ta käske pidanud.

Pilaatus, kelle keel lõigati tema argade sõnade tõttu, on olnud alumises hauas pideva piitsutamise ajal täis kahetsust ja kahjutunnet, Kuid Pilaatuse jaoks ei ole enam teist võimalust.

Kuid elavatel on ikka veel võimalus. Te ei peaks mitte kunagi kõhklema Jumala kartmise ja Tema käskude pidamise juures. Jesaja 55:6-7 öeldakse: *„Otsige Isandat, kui Ta on leitav, hüüdke Teda, kui Ta on ligidal! Õel jätku oma tee ja nurjatu mees oma mõtted ning pöördugu Isanda poole, siis halastab Tema ta peale; ja meie Jumala poole, set Tema annab palju andeks."* Kuna Jumal on armastus, laseb Ta meil eluaja jooksul teada saada, mis põrgus juhtub. Ta teeb seda, et äratada palju inimesi vaimsest unest ja et anda meile väge ja julgustada meid heade sõnumite jagamiseks veel rohkematele inimestele, et nemadki võiksid elada Tema halastuses ja kaastundes.

6. Iisraeli esimese kuninga Sauli karistus

Jeremija 29:11 öeldakse: *"Sest mina tunnen mõtteid, mis ma teie pärast mõlgutan, ütleb Isand: need on rahu, aga mitte õnnistuse mõtted, et anda teile tulevikku ja lootust."* See sõna anti juutidele, kui nad Paabelisse maapakku läksid. Selles salmis räägitakse prohvetlikult Jumala andestusest ja halastusest, mis Ta rahvale nende Jumala vastu tehtud pattude pärast maapaos olemise ajal antakse.

Samal põhjusel kuulutab Jumal sõnumeid põrgust. Ta ei tee seda, et needa uskmatuid ja patuseid, vaid selleks, et lunastada kõik need, kes kannavad vaenlase saatana ja kuradi orjadeks olles rasket koormat ja selleks, et takistada oma kuju järgi loodud inimesi sellesse armetusse kohta minemast.

Seega, selle asemel, et põrgu viletsat olukorda karta, peaksime me kõik nüüd mõistma Jumala mõõtmatut armastust ja kui te olete uskmatu, nüüdsest peale Jeesuse Kristuse oma Päästjaks võtma. Kui te ei ole Jumalasse usku tunnistava Jumala Sõna kohaselt elanud, pöörduge ja tehke nii nagu Ta teid teha käsib.

Saul jäi Jumalale sõnakuulmatuks

Kui Saul hakkas valitsema, alandas ta end väga. Kuid varsti muutus ta Jumala Sõnale kuuletumise jaoks liiga kõrgiks. Ta hakkas tegema kurja ja Jumal hülgas ta. Lõpuks pööras Jumal oma palge Saulilt ära. Kui te teete Jumala vastu pattu, peate te oma mõtlemist muutma ja kõhklemata meelt parandama. Te ei peaks püüdma end välja vabandada ega oma pattu varjata.

Ainult siis võtab Jumal teie meeleparanduse palve vastu ja avab andestuse tee.

Kui Saul sai teada, et Jumal võidis Taaveti tema asendamiseks, pidas kuningas oma tulevast järglast oma surmavaenlaseks ja püüdis teda oma ülejäänud eluaja jooksul tappa. Saul tappis isegi Jumala preestrid Taaveti aitamise pärast (1. Saamueli raamat 22:18). Niisugused teod olid samaväärsed Jumalale otse vastuseismisega.

Sel moel püsis kuningas Saul sõnakuulmatuses ja tema kurjad teod kogunesid, aga Jumal ei hävitanud Sauli kohe. Isegi kui Saul ajas Taavetit taga ja otsustas teda väga kaua aja jooksul tappa, lasi Jumal Saulil edasi elada.

See teenis kahte eesmärki. Esiteks otsustas Jumal Taavetist suurepärase astja ja kuninga vormida. Teiseks andis Jumal Saulile piisavalt aega ja võimalusi, et oma valedest tegudest meelt parandada.

Kui Jumal oleks meid tapnud siis, kui me tegime suremiseks piisavalt tõsist pattu, ei oleks mitte keegi meist elus. Jumal andestab, ootab ja ootab, aga kui inimene Tema juurde ei naase, vaatab Jumal teises suunas. Kuid Saul ei suutnud Jumala südant mõista ja taotles liha himu. Lõpuks haavasid ammukütid Sauli surmavalt ja tapsid ta siis tema enese mõõgaga (1 Saamueli raamat 31:3-4).

Sauli ihu ripub õhus

Mis karistus on kõrgi Sauli jaoks? Terav oda läbistab ta kõhu

Karistused inimestele, kes surevad pärast puberteediiga

kui ta õhus ripub. Oda tera sisse on tihedalt pandud teravad puuri- ja mõõgatera taolised esemed. Niimoodi on äärmiselt valus õhus rippuda. Veelgi piinarikkam on õhus rippuda, kui te kõhtu läbistab oda ja te kaal lisab vaid valu juurde. Oda lõikab läbitorgatud kõhu teravate terade ja puuridega lõhki. Kui nahk rebeneb puruks, paljastuvad lihased, luud ja sisikond.

Kui põrgu sõnumitooja läheneb Saulile vahetevahel ja oda pöördub, rebivad kõik selle külge kinnitatud teravad terad ja puurid ta ihu lõhki. See oda pöörlemine torkab katki Sauli kopsud, südame, mao ja sisikonna.

Veidi aega pärast seda kui Saul on seda hirmsat piina kannatanud ja ta siseelundid on tükkideks rebitud, taastuvad kõik ta siseelundid täielikult. Kui nad on täiesti taastunud, läheneb põrgu sõnumitooja Saulile ja kordab seda protseduuri. Kui Saul kannatab, mõtleb ta kõikidele selles elus olnud meeleparanduse kordadele ja võimalustele, mida ta ignoreeris.

Miks ma ei kuuletunud Jumala tahtele?
Miks ma võitlesin Tema vastu?
Ma oleksin pidanud tähele panema
prohvet Saamueli noomimist!
Ma oleksin pidanud meelt parandama
kui mu poeg Joonatan mind pisarsilmil palus!
Kui ma vaid poleks Taaveti vastu nii kuri olnud,
oleks mu karistus võinud kergem olla...

Saulil ei ole kahetsemisest ega meeleparandusest pärast

põrgusse minekut enam mingit kasu. On talumatu rippuda õhus, oda kõhtu läbistamas, aga kui põrgu sõnumitooja läheneb, et Sauli taas kord piinata, tunneb Saul end valdavat hirmu. Alles mõne hetke eest talutud valu on ta jaoks ikka veel väga reaalne ja elav ja ta peaaegu et lämbub kui ta mõtleb tulevastele asjadele. Saul võiks anuda „Palun jätke mind rahule!" või „Palun, peatage see piin!" kuid sellest poleks kasu. Mida rohkem Saul kardab, seda suuremat heameelt põrgu sõnumitooja sellest tunneb. Ta pöörab ja pöörab oma oda ja Sauli jaoks kordub alaliselt tema ihu lõhkirebimise agoonia.

Kõrkus käib enne hävingut

Järgmine juhtum on tavaline igas tänapäeva koguduses. Esiteks võtab vastpöördunu vastu Püha Vaimu ja saab Temaga täidetud. Ta teenib veidi aega innukalt Jumalat ja Ta sulaseid. Aga see usklik hakkab mitte kuuletuma Jumala tahtele, Tema kogudusele ja Ta sulastele. Kui see koguneb, hakkab ta teiste üle kuuldud Jumala Sõna alusel kohut mõistma ja neid hukka mõistma. Väga tõenäoliselt muutub ta ka oma tegude suhtes kõrgiks.

Esimene armastus, mida ta Isandaga jagas, on aja jooksul järk-järgult kahanenud ja ta kunagine taevalootus on nüüd asendunud selle maailma asjadega – asjadega, mis ta kunagi hülgas. Isegi koguduses tahab ta nüüd, et teised teeniksid teda, ta muutub ahneks raha ja võimu järele ja annab järele lihahimule.

Vaesena võis ta paluda „Jumal, anna mulle materiaalse varanduse õnnistus!" Mis juhtub siis, kui ta tegelikult saab tolle õnnistuse? Selle asemel, et kasutada oma õnnistust vaeste,

Karistused inimestele, kes surevad pärast puberteediiga

misjonäride ja Jumala töö aitamiseks, raiskab ta nüüd Jumala õnnistust selle maailma rõõmude taotlemisele.

Sellepärast leinab uskliku sees olev Püha Vaim; ta vaimu tabavad paljud katsumused ja raskused ja teda võib oodata karistus. Kui ta teeb edasi pattu, võib ta südametunnistus tuimaks muutuda. Ta võib kaotada võime eristada Jumala tahet oma südame ahnusest ja taotleb sageli viimast. Vahel võib ta kadestada koguduseliikmete poolt väga imetletud ja armastatud jumalasulaseid. Ta võib neid vääralt süüdistada ja nende teenistusse sekkuda. Ta loob kogudusesiseselt oma heaolu tarbeks kildkondi ja hävitab sellega kogudust, kus Kristus elab.

Niisugune inimene jätkab Jumalale vastuseismist ja temast saab vaenlase saatana ja kuradi tööriist, kes sarnaneb lõpuks Saulile.

Jumal seisab uhketele vastu, kuid annab armu alandlikele

1. Peetrusele 5:5 kirjutatakse: „*Nõndasamuti teie, nooremad, alistuge vanematele. Aga te kõik rüütage end alandlikkusega üksteise vastu, sest „Jumal paneb suurelistele vastu, aga alandlikele annab armu.*"" Uhked mõistavad kohut lavalt kuulutatud sõnumi üle kui nad seda kuulevad. Nad võtavad vastu selle, mis nende mõtetega kooskõlas on, aga lükkavad tagasi selle, millega nad ei nõustu. Enamik inimlikke mõtteid erineb Jumala omadest. Te ei saa öelda, et te usute ja armastate Jumalat, kui te võtate vastu vaid need asjad, mis teie mõtetega kokku sobivad.

1. Johannese 2:15 öeldakse: „*Ärge armastage maailma ega*

seda, mis on maailmas! Kui keegi armastab maailma, siis ei ole temas Isa armastust." Samamoodi, kui inimeses ei ole Isa armastust, ei ole sel inimesel Jumalaga osadust. Sellepärast, kui te väidate, et teil on Temaga osadus, kuid käite pimeduses, siis te valetate ega tee tõtt (1. Johannese 1:6).

Te peaksite alati ettevaatlik olema ja end pidevalt läbi katsuma, et näha, kas te ehk olete kõrgiks läinud või kas te tahate, et teid teenitaks teiste teenimise asemel ja ega te südamesse pole hiilinud armastus selle maailma vastu.

7. Juudas Iskarioti neljanda taseme karistus

Me nägime, et alumise haua esimese, teise ja kolmanda taseme karistused on nii haletsusväärsed ja julmad, et neid pole võimalik ette kujutadagi. Me vaatasime ka mitmeid põhjuseid, miks need hinged saavad nii julmad karistused.

Aga sellest hetkest edasi vaatame lähemalt alumise haua kõige hirmsamaid karistusi. Missugused on neljanda taseme karistuste näited ja missugust kurja tegid need hinged taoliste karistuste pälvimiseks?

Andeksandmatu patu tegemine

Piiblis öeldakse, et mõned teie patud antakse meeleparanduse kaudu andeks, aga et on ka teistmoodi patte, mida teile andeks ei anta ja mis viivad teid surma (Matteuse 12:31-32; Heebrealastele 6:4-6; 1. Johannese 5:16). Inimesed, kes Püha Vaimu pilkavad,

Karistused inimestele, kes surevad pärast puberteediiga

teevad tõde tundes tahtlikult pattu ja sama kehtib ka selle pattude kategooria kohta ning nad lähevad kõige sügavamasse alumise haua osasse.

Näiteks me näeme sageli inimesi, kes said terveks või kelle probleemid leidsid lahenduse Jumala armu läbi. Esialgu tegid nad Jumala ja Ta koguduse jaoks entusiastlikult tööd. Kuid vahel näeme me, kuidas maailm neid meelitab ja lõpuks pööravad nad Jumalale selja.

Nad annavad taas järele selle maailma naudingutele, üksnes seekord teevad nad seda eelnevast palju rohkem. Nad teevad kogudustele häbi ja solvavad teisi kristlasi ja jumalasulaseid. Sageli on need, kes tunnistavad oma usku Jumalasse avalikult, esimesed, kes mõistavad kohut ja sildistavad kogudusi ja pastoreid oma vaadete ja mõtlemise alusel „ketserlikeks." Kui nad näevad Püha Vaimu väega täidetud kogudust ja jumalasulaste kaudu tehtavaid Jumala imesid, mõistavad nad kiiresti kohut, kutsudes terveid kogudusi „ketserlikeks" või peavad Püha Vaimu tegusid saatana omadeks, lihtsalt kuna nad ei suuda neid mõista.

Nad reetsid Jumala ja ei suuda meeleparanduse vaimu vastu võtta. Teiste sõnadega, niisugused inimesed ei suuda oma pattudest meelt parandada. Seega saavad need „kristlased" pärast surma raskemad karistused kui need, kes ei uskunud, et Jeesus Kristus oli nende Päästja ja läksid alumisse hauda.

2. Peetruse 2:20-21 öeldakse: *„Kui nad on kord ära põgenenud maailma saastast meie Isanda ja Päästja Jeesuse Kristuse tunnetuse kaudu, pärast aga jälle vajuvad sellesse saasta ja jäävad alla, siis on ju nende viimane lugu halvem kui esimene. Sest neile oleks olnud parem, et õiguse tee oleks neile*

jäänud tundmata, kui et seda äratundnuna pöörata selg nende kätte antud pühale käsule." Need inimesed ei kuuletunud Jumala Sõnale ja esitasid Talle väljakutse isegi siis kui nad teadsid Sõna ja sellepärast saavad nad palju suuremad ja raskemad karistused, kui need, kes ei uskunud.

Inimesed, kelle südametunnistus on otsekui tulise rauaga põletatud

Hinged, kes saavad neljanda taseme karistused, ei sooritanud ainult andeksandmatuid pattusid, vaid ka nende südametunnistus on otsekui tulise rauaga põletatud. Mõned taolistest inimestest on saanud täiesti vaenlase saatana ja kuradi orjadeks, nad hakkavad Jumalale vastu ja on halastamatud Pühale Vaimule vastupanijad. Nad oleksid otsekui ise Jeesuse risti löönud.

Päästja Jeesus löödi risti meie pattude andeksandmiseks ja inimese igavese surma needuse alt vabaks tegemiseks. Tema kallis veri lunastas kõik, kes Temasse uskusid, aga neljanda taseme karistused pälvinud inimeste üle lasuv needus teeb nad isegi Jeesuse Kristuse vere abil pääsemise jaoks kõlbmatuks. Sellepärast on nad mõistetud oma ristidele löömiseks ja nad saavad alumises hauas oma karistused kätte.

Juudas Iskariot, üks Jeesuse kaheteistkümnest jüngrist ja võib-olla inimajaloo kõige tuntum reetur, on parim näide. Juudas nägi oma silmadega Jumala Poega lihas. Temast sai üks Jeesuse jüngritest, ta õppis Sõna tundma ja nägi imetegusid ja tunnustähti. Ometi ei suutnud Juudas oma eluaja jooksul kunagi ahnusest ja patust vabaneda. Viimaks ässitas saatan Juudast ja ta müüs oma õpetaja 30 hõbetüki eest.

Hoolimata sellest, kui palju Juudas Iskariot tahtis meelt parandada

Mida te arvate, kes on rohkem süüdi: kas Pontius Pilaatus, kes andis käsu Jeesus risti lüüa või Juudas Iskariot, kes müüs Jeesuse juutidele? Jeesuse vastus ühele Pilaatuse küsimusele annab meile selge vastuse:

> *Sinul ei oleks mingit meelevalda minu üle, kui see poleks sulle antud ülalt. Seepärast on suurem patt sellel, kes minu on andnud sinu kätte* (Johannese 19:11).

Juudase tehtud patt on tõesti suurem, see on andestamatu ja talle ei antud meeleparanduse vaimu. Kui Juudas mõistis oma patu suurust, kahetses ta ja tagastas raha, kuid ta ei saanud kunagi meeleparanduse vaimu.

Lõpuks sooritas Juudas Iskariot ahastusest enesetapu, kuna ta ei suutnud oma patukoormast üle saada. Apostlite teod 1:18 on kirjas, et Juudas *„hankis ülekohtu palgast enesele põllu, aga ta ise kukkus ülepeakaela alla, lõhkes keskelt ja kogu ta sisikond valgus välja,"* mis kirjeldab ta armetut lõppu.

Juudas ripub ristil

Missuguse karistuse saab Juudas alumises hauas? Juudas ripub ristil alumise haua kõige sügavama osa esiküljel. Juuda ja tema esiküljel asuva ristiga asuvad samal joonel Jumalale tõsiselt vastu seisnute ristid. See vaatepilt sarnaneb surnuaia massihauale pärast täismõõdulist sõda või surnud kariloomadega täidetud tapamajale. Ristilöömine on ka selles maailmas üks julmemaid karistusi. Ristilöömise kasutamine on nii eeskujuks kui hoiatuseks kõigile olemasolevatele ja tulevastele kurjategijatele ja näitab nende võimalikku tulevikku. Igaüks, kes ripub ristil, mis on surmast suurem piin, teatud arvu tunde – mille jooksul ta ihuliikmed purunevad tükkideks, putukad näksivad ta ihu ja kogu veri purskub välja ta ihust – igatseb muret tundes, et ta viimane hingetõmme saabuks võimalikult kiiresti.

Selles maailmas kestab ristilöömise valu kõige rohkem pool päeva. Aga alumises hauas, kus piin ei lõpe ja kindlasti surra ei saa, jätkub ristilöömise karistuse tragöödia kohtupäevani.

Pealegi kannab Juudas okaskrooni, mis kasvab pidevalt ja rebestab ta nahka, läbistab ta koljut ja naelutab ta aju. Lisaks on ta jalge all vingerdavad loomad. Lähemalt vaadates võib näha, et need on teised hinged, kes on alumisse hauda sattunud ja isegi need piinavad Juudast. Selles maailmas seisid nad samuti Jumalale vastu ja nende kurjus kogunes, kuna nende südametunnistus oli otsekui tulise rauaga põletatud. Ka neid karistatakse karmilt ja piinatakse ja mida tugevama piinamise osaliseks nad saavad, seda vägivaldsemaks nad muutuvad. Nad torkavad Juudast odadega, otsekui valaksid nad välja oma viha ja piina.

Siis pilkavad põrgu sõnumitoojad Juudast ja ütlevad: „Tema on see, kes müüs Messia maha! Ta tegi asjad meie jaoks heaks! Hea talle! Kui naeruväärne!"

Karistused inimestele, kes surevad pärast puberteediiga

Suur vaimne piin Jumala Poja mahamüümise pärast

Juudas Iskariot ei pea alumises hauas taluma mitte üksnes füüsilist piina, vaid ka talumatut hingepiina. Ta mäletab alati, et teda neeti Jumala Poja mahamüümise tõttu. Lisaks on ta nimi „Juudas Iskariot" saanud selles maailmas reetmise sünonüümiks, mis suurendab ta hingepiina vastavalt.

Jeesus teadis ette, et Juudas Ta reedab ja seda, mis Juudasega pärast surma juhtub. Sellepärast püüdis Jeesust Juudast Sõnaga tagasi võita, kuid Ta teadis ka, et Juudast ei saa tagasi võita. Seega me leiame Markuse 14:21, et Jeesus kurdab: *„Jah, Inimese Poeg läheb küll ära, nii nagu Temast on kirjutatud, aga häda sellele inimesele, kes Inimese Poja ära annab! Sellele inimesele oleks parem, kui ta poleks sündinud.*"

Teiste sõnadega, kui inimesele määratakse esimese taseme karistus, mis on kõige kergem, oleks talle parem olnud sündimata jääda, kuna valu on nii suur ja tohutu. Kuidas on lood Juudasega? Tema saab kõige tugevama karistuse!

Selleks, et põrgusse mitte minna

Kes siis kardab Jumalat ja peab Ta käskusid? Tema, kes pühitseb alati Isanda päeva ja toob kogu kümnise Jumalale – kaks kristliku elu põhimõistet.

Isanda päeva pühaks pidamine sümboliseerib seda, et te tunnustate vaimumaailmas Jumala ülimuslikkust. Isanda päeva pühitsemine on märk, mille alusel teid tuntakse ja mis eristab teid kui Jumala last. Kuigi, hoolimata sellest kui palju te tunnistate oma usku Isa Jumalasse, pole vaimset tõendust, et te olete üks Jumala lastest. Sel juhul pole teil muud valikuvarianti peale põrgussemineku.

Kogu kümnise Jumalale andmine tähendab, et te tunnistate Jumala ülimuslikkust varanduse üle. See tähendab samuti, et te saate aru ja mõistate, et kogu universum kuulub vaid Jumalale. Malaki 3:9 alusel neeti iisraellasi pärast „[Jumala] röövimist." Ta lõi kogu universumi ja andis teile elu. Ta annab meile elamise jaoks päevavalguse ja vihma, töö jaoks vajaliku energia ja kaitse meie päevatöö valvamiseks. Jumalale kuulub kõik, mis teil on. Seega, isegi kui kogu me sissetulek kuulub Jumalale, laseb ta meil Talle anda vaid kümnendiku teenitust ja kasutada ülejäänut enese tarbeks. Vägede Jumal ütleb Malaki 3:10: *„Tooge kõik kümnis täies mõõdus varaaita, et mu kojas oleks toitu, ja proovige mind ometi sellega, ütleb vägede Isand. Tõesti, ma avan teile taevaluugid ja kallan teile õnnistust küllastuseni."*
Niikaua kui me oleme oma kümnise andmises Jumalale ustavad, avab Ta oma lubaduse kohaselt taevaluugid ja kallab välja nii palju õnnistust, et meil pole ruumi selle vastuvõtmiseks. Aga kui te ei anna Jumalale kümnist, tähendab see, et te ei usu Ta õnnistuse lubadust ja teil puudub usk pääsemiseks ning kuna te olete Jumalat röövinud, jääb teil üle vaid põrgusse minna.

Seega, me peame alati Isanda päeva pühitsema ja tooma kogu kümnise Talle, kelle päralt on kõik ja pidama kõiki kuuekümne kuues Piibli raamatus kirja pandud käske. Ma palun, et ükski selle raamatu lugeja ei lõpetaks põrgus.

Karistused inimestele, kes surevad pärast puberteediiga

Selles peatükis vaatasime me lähemalt erinevat tüüpi karistusi, mis on jaotatud suurel määral neljaks ja millega karistatakse alumisse hauda kinni pandud hukkamõistetud hingesid. Kuivõrd julm, kohutav ja armetu koht see on?

2. Peetrusele 2:9-10 öeldakse, et: „*Nii oskab Isand küll jumalakartlikke kiusatusest välja kiskuda, ülekohtusi aga nuhtlemiseks kinni pidada kohtupäevani. Iseäranis nuhtleb Isand neid, kes rüvedas himus elavad lihaliku loomuse järgi ning põlgavad Isanda valitsust. Need on jultunud ja ennast täis ega põrka tagasi teotamast kirkuseingleid.*"

Kurjad inimesed, kes patustavad ja teevad kurja ning sekkuvad koguduse töösse või lõhestavad seda, ei karda Jumalat. Niisugused inimesed, kes seisavad jultunult Jumalale vastu, ei saa ja ei tohiks oodata, et Jumal neid vaevade ja katsumuste ajal aitaks. Neid hoitakse suure valge trooni kohtuni kinni sügaval alumises hauas ja neid karistatakse oma kurjadele tegudele vastava liigi ja suurusega karistustega.

Need, kes elavad head, õiglast ja Jumalale pühendunud elu, on alati Jumalale usus kuulekad. Seega, ka siis kui inimese kurjus täitis maad ja Jumal pidi vihmasajuks taevaluugid avama, pääsesid ainult Noa ja tema pere (1. Moosese raamat 6-8).

Nii nagu Noa kartis Jumalat ja kuuletus Ta käskudele ning vältis sellega kohut ja pääses, peame ka meie olema Jumala sõnakuulelikud lapsed kõiges, mida me teeme, et meist saaksid Jumala tõelised lapsed ja me teostaksime Tema ettehoolde.

6. Peatükk

Karistused Püha Vaimu pilkamise eest

1. Keeva vedeliku potis kannatamine
2. Püstisest kaljust ülesronimine
3. Põleva rauaga suu põletamine
4. Tohutusuured piinamasinad
5. Puutüve külge seotud olemine

„Igaüks, kes ütleb midagi Inimese
Poja kohta, võib saada andeks,
aga kes teotab Püha Vaimu,
sellele ei anta andeks."
- Luuka 12:10 -

„On ju võimatu neid, kes kord on olnud valgustatud,
kes on maitsnud taevast andi ja saanud osa Pühast Vaimust,
kes on kogenud Jumala head sõna ja tulevase ajastu vägesid
ning ometi ära taganenud – neid on võimatu uuendada
jälle meeleparanduseks, sest et nad iseendi kahjuks
löövad Jumala Poja risti ja teevad Ta naeruks."
- Heebrealastele 6:4-6 -

Karistused Püha Vaimu pilkamise eest

Matteuse 12:31-32 ütleb Jeesus: *„Seepärast ma ütlen teile: Inimesele antakse andeks iga patt ja teotamine, aga Vaimu teotamist ei anta andeks! Ja kui keegi ütleb midagi Inimese Poja vastu, võib ta saada andeks, aga kui keegi ütleb midagi Püha Vaimu vastu, ei andestata talle ei sellel ega tulevasel ajastul."*

Jeesus ütles need sõnad juutide kohta, kes tegid Talle etteheiteid kui Ta kuulutas evangeeliumi ja tegi jumaliku väega tegusid ja väitsid, et Ta oli kurja vaimu mõjualune või tegi imesid vaenlase saatana ja kuradi väega.

Ka tänapäeval mõistavad paljud inimesed, kes tunnistavad oma usku Kristusesse, hukka kogudusi, mis on täidetud Püha Vaimu väetegude ja imedega ja kutsuvad neid tegusid „ketserlikeks" või „kuradi tegudeks", lihtsalt kuna nad ei suuda neid mõista ega vastu võtta. Aga kuidas saaks jumalariik suureneda ja evangeelium kogu maailma levida ilma Jumala käest tuleva väe ja meelevallata, mis on Püha Vaimu tegude aluseks?

Püha Vaimu tööle vastupanemine ei erine Jumalale vastupanekust. Jumal ei tunnusta siis neid, kes Püha Vaimu tööle vastu panevad, oma lastena, hoolimata sellest, kuivõrd palju nad ise endid „kristlasteks" peavad.

Seega, pidage meeles, et isegi pärast seda, kui keegi näeb ja kogeb, kuidas Jumal on oma sulastega ja imepärased ja imelised teod ja sündmused leiavad aset, aga too inimene mõistab ikkagi jumalasulaseid ja ta kogudust hukka ja kutsub neid „ketserlikeks," on ta Püha Vaimu tõsiselt takistanud ja pilganud ja ainus koht, kuhu tal minna, on põrgu sügavus.

Kui mingi kogudus, pastor või muud jumalasulased tunnevad tõesti ära Kolmainu Jumala, usuvad, et Piibel on Jumala Sõna ja õpetavad seda niisugusena ning on teadlikud tulevasest elust kas Taevas või põrgus ja kohtust ja usuvad seda, et Jumal valitseb kõige üle ja Jeesust kui Päästjat ning õpetavad niisugust, ei tohiks ega võiks keegi toda kogudust, pastorit ega jumalasulaseid „ketserlikuks" pidada.

Ma asutasin Manmini koguduse 1982. aastal ja olen juhtinud arvukaid hingi Püha Vaimu tegude abil pääsemise teele. See on hämmastav, et inimeste hulgas, kes kogesid isiklikult elava Jumala tegusid, oli neid, kes läksid tegelikult Jumala vastu ja takistasid koguduse eesmärke ja tööd ning levitasid minu ja koguduse kohta kuulujutte ja valesid.

Põrgu viletsuse ja agoonia põhjaliku selgitamise ajal ilmutas Jumal mulle ka karistuste kohta, mis ootavad alumises hauas neid, kes Püha Vaimu takistavad, Talle sõnakuulmatud on ja Teda pilkavad. Missugused karistused nad saavad?

1. Keeva vedeliku potis kannatamine

Ma kahetsen ja nean oma abieluvannet,
mis ma oma abikaasale andsin.
Miks ma olen selles armetus kohas?
Ta eksitas mind ja tema pärast olen ma siin!

Niimoodi kurdab naine, kes saab alumises hauas neljanda taseme karistuse. Ta oigab agoonias, mis kajab läbi pimeda tuhkja laotuse, sest tema abikaasa eksitas teda endaga Jumalale vastu seisma.

Naine oli kuri, aga ta kartis oma südames teatud määral Jumalat. Seega ei suutnud see naine omaette Püha Vaimu takistada ja Jumala vastu võidelda. Kuigi, vastavalt tema lihahimudele, oli ta südametunnistus tema abikaasa kurja südametunnistusega ühendatud ja see abielupaar seisis tugevasti vastu Jumalale ja Ta tegudele.

Seda abielupaari, kes koos kurja tegi, karistatakse nüüd koos abielupaarina ka alumises hauas ja nad kannatavad kõikide oma kurjade tegude tõttu. Mis siis kaasneb nende karistustega alumises hauas?

Abielupaari piinatakse ühekaupa

Pott on täis hirmsat lehka ja hukkamõistetud hingesid kastetakse ühekaupa vilkalt keevasse vedelikku. Kui põrgu sõnumitooja paneb iga hinge potti, tekitab vedeliku temperatuur kogu ihule villid, mis sarnanevad nüüd väga kärnkonna seljale ja silmamunad paiskuvad peast välja.

Mil iganes nad püüavad meeleheitlikult toda piina vältida ja torkavad oma pea potist välja, trambivad hiiglasuured jalad nende peadel ja vajutavad need vee alla. Nende põrgu sõnumitoojate taldadele on tihedalt kinnitatud tibatillukesed rauast või vasest küpsetusvardad. Kui hingede peal nende jalgadega tallatakse, sunnitakse suurte lõikehaavade ja muljumishaavadega hinged tagasi potti.

Mõne aja pärast torkavad hinged oma pead taas välja, sest nad ei suuda põletavat tunnet taluda. Just siis, nii nagu paljudel varasematel kordadel, tallatakse nad jalgade alla ja surutakse potti tagasi. Lisaks, kuna hingesid piinatakse niimoodi kordamööda, kui abikaasa on potis, peab naine mehe piina pealt vaatama ja vastupidi.

Pott on läbipaistev, seega poti sisemus on väljast nähtav. Esialgu kui mees või naine näeb oma armastatu piinamist niisugusel armetul moel, karjub ta vastastikuse armastuse tõttu, et teise peale halastataks:

Mu naine on seal sees!
Palun võtke ta välja!
Palun vabastage ta viletsusest.
Ei, ei, ärge tallake ta peal.
Palun võtke ta välja, palun!

Aga mõne aja pärast lakkab abikaasa anumine. Pärast seda, kui teda on mõni kord karistatud, on ta jõudnud arusaamisele, et kui ta naine kannatab, võib tema puhata ja kui ta potist välja tuleb, on tema kord potti minna.

Teineteise süüdistamine ja needmine

Selle maailma abielupaarid ei ole Taevas abielupaarid. Kuid see abielupaar jääb alumises hauas paariks ja nad saavad karistused koos. Seega, kuna nad teavad, et nad saavad oma karistuse kordamööda, on nende anumine nüüd järsult teise tooniga.

Karistused Püha Vaimu pilkamise eest

Ei, ei, palun ärge võtke teda välja.
Las ta jääda sinna sisse veel veidi kauemaks.
Palun jätke ta sinna,
et ma saaksin veel veidike puhata.

Naine tahab, et ta mees kannataks pidevalt ja mees anub ka, et ta naine jääks potti võimalikult kauaks. Kuigi teise kannatuste vaatamine ei anna teisele puhkeaega. Lühikesed vahed ei saa ja ei suuda pidevat piina tasa teha, eriti kuna mees teab, et pärast tema naist tuleb tema kord. Pealegi kui üks tunneb piina ja näeb ja kuuleb, kuidas teine palub talle pikemat karistust, neavad mõlemad teineteist.

Siin saame me selgelt teadlikuks lihaliku armastuse tulemusest. Lihaliku armastuse reaalsus – ja põrgu reaalsus – seisneb selles, et kui keegi kannatab talumatult palju ja talumatu suurusega piina, on ta valmis soovima, et teist piinataks tema eest.

Kui naine kahetseb „oma abikaasa tõttu" Jumalale vastuhakku, ütleb ta innukalt oma abikaasale: „Sinu pärast ma olen siin!" Abikaasa neab ja süüdistab vastuseks valjema häälega oma naist, kes toetas ta kurje tegusid ja osales neis.

Mida rohkem kurja abielupaar teeb...

Alumises hauas olevad põrgu sõnumitoojad on nii rõõmsad ja tunnevad mõnu sellest, et mees ja naine teineteist neavad ja anuvad sõnumitoojaid, et nad karistaksid abikaasat kauem ja tugevamalt.

Vaata, nad neavad teineteist isegi siin!
Nende kurjus teeb meile nii suurt heameelt!

Põrgu sõnumitoojad pööravad suurt tähelepanu toimuvale, otsekui nad vaataksid huvitavat filmi ja iga natukese aja tagant nad lisavad tuld, et veelgi suuremat naudingut saada. Mida rohkem mees ja naine kannatavad, seda enam nad teineteist neavad ja loomulikult naeravad sõnumitoojad selle peale veelgi kõvemini.

Me peame siin selgelt üht mõistma. Kui inimesed teevad selles elus kurja, on kurjad vaimud vaimustatud ja rõõmsad. Samal ajal, mida rohkem kurja inimesed teevad, seda rohkem nad Jumalast võõrduvad.

Kui te seisate raskustega silmitsi ja lähete maailmaga kompromissile, hädaldate, kurdate ja kibestute mõne inimese või olukorra tõttu, tuleb vaenlane kurat jooksuga ja suurendab hea meelega teie raskusi ja viletsust.

Targad, kes tunnevad vaimumaailma seadusi, ei hädalda ega kurda kunagi, vaid tänavad selle asemel igas olukorras ja tunnistavad alati positiivse suhtumisega oma usku Jumalasse, seega nad teevad kindlaks, et nende süda on alati Temale keskendunud. Pealegi, kui väga kuri inimene peaks teid vaevama, öeldakse Roomlastele 12:21: *„Ära lase kurjal võitu saada enese üle, vaid võida sina kuri heaga,"* peate te alati kurjale heaga vastu seisma ja kõik Jumalale üle andma.

Samamoodi, kui te järgite seda, mis on hea ja käite valguses, saate te väe ja meelevalla kurjade vaimude mõju võitmiseks. Siis ei saa vaenlane saatan ja kurat teid kurja eest vastutavaks pidada ja kõik te raskused kaovad palju kiiremini. Jumalal on hea meel kui Ta lapsed tegutsevad ja elavad oma head usku mööda.

Te sisemusest ei tohiks mingil juhul kurja tulla, nii nagu meie vaenlane saatan ja kurat toda tahavad, vaid mõtelge alati tões ja käige usus, see on Isa Jumalale meeltmööda.

2. Püstisest kaljust ülesronimine

Kas te olete jumalasulane, koguduse vanem või Ta koguduse töötegija, saate te ühel päeval tõenäoliselt saatana saagiks, kui te oma südant ümber ei lõika, vaid patustate edasi. Mõned pöörduvad Jumalast ära, sest nad armastavad maailma. Teised lakkavad kiusatuse järgselt koguduses käimast. Ülejäänud seisavad Jumalale vastu, takistades Tema koguduse plaane ja missiooni, mis jätab nad abitult surma teele.

Juhtum, kus kogu perekond reetis Jumala

Järgnev on lugu ükskord Jumala koguduse jaoks ustavalt tööd teinud inimese perekonnast. Nad ei lõiganud oma südameid ümber ja need olid täis ägedust ja ahnust. Seega nad tarvitasid oma võimu teiste koguduseliikmete üle ja tegid pidevalt pattu. Lõpuks tabas neid Jumala karistus, kuna pereisal diagnoositi tõsine haigus. Kogu perekond tuli kokku ja hakkas tegema tõsiseid meeleparanduse palveid, samuti palusid nad tema elu eest.

Jumal võttis nende meeleparanduse palved vastu ja tervendas isa. Sel ajal ütles Jumal mulle midagi täiesti ootamatut: „Kui ma ta vaimu nüüd ära kutsun, võiks ta saada vähemalt häbistava pääsemise osaliseks. Kui ma lasen tal veidi kauem elada, ei saa ta mingi pääsemise osaliseks."

Ma ei saanud Temast aru, aga mõni kuu hiljem sain ma sellest aru, kui ma perekonna käitumist nägin. Üks pereliige oli mu koguduse ustav töötegija olnud. Ta hakkas Jumala kogudust ja Tema riiki takistama ja andis koguduse vastu valetunnistusi ja tegi palju muid kurje tegusid. Lõpuks sai kogu pere eksitatud ja nad kõik pöördusid Jumalast ära.

Kui mu koguduse endine töötegija takistas Püha Vaimu ja pilkas teda tõsiselt, tegi ülejäänud pere andeksandmatut pattu ja isa, kes elustus mu palve peale, suri varsti pärast seda. Kui isa oleks surnud ajal, kui tal oli veel väike usuhulk, oleks ta võinud pääseda. Aga ta hülgas oma usu ja ei jätnud enesele mingit võimalust pääsemiseks. Pealegi läheb iga pereliige samuti alumisse hauda, kuhu läks isa ja kus igaüks perest saab karistuse. Mida nende karistus kaasa toob?

Püstisest kaljust puhkamata üles ronimine

Selles alas, kus perekonda karistatakse, on püstine kalju. See kalju on nii kõrge, et jalamilt ei ole tippu näha. Õhus on kuulda hirmutavaid kriiskeid. Umbes poole peal kalju tipust karistatakse kolme hinge, kes paistavad kaugelt nagu kolm väikest täppi.

Nad ronivad seda tahumata ja tugevat kaljut mööda paljakäsi ja paljaste jalgadega üles. Kui nende käed ja jalad hõõrduvad, otsekui hõõrutaks neid liivapaberiga, koorub nende nahk kiiresti ja kulub. Nende ihud on verest läbimärjad. Nad ronivad sellest pealtnäha võimatust mäest üles, et vältida üle selle ala lendavat põrgu sõnumitoojat.

Kui see põrgu sõnumitooja tõstab oma käed pärast mõnda aega hingede kaljust ülesronimise vaatamist, puistatakse pisikesed täpselt põrgu sõnumitoojate sarnased putukad nagu pihustajast pritsitud veepiisad kogu maa peale. Need putukad paljastavad avalisui olles oma teravad hambad ja ronivad hingesid taga ajades kaljust kiiresti üles.

Kujutage ette vaatepilti sadadest sõrmesuurustest sajajalgsetest, tarantlitest või prussakatest, mis katavad koju tulles teie põrandat. Samuti kujutage ette, kuidas kõik need hirmuäratavad putukad tormavad korraga teie suunas.

Üksnes niisuguste putukate nägemisest piisab, et teid hirmu tundma panna. Kui kõik need putukad tormavad korraga teie suunas, võib tegu olla teie elu kõige verdtarretavama hetkega. Kui need putukad hakkavad teie sääremarju ja jalgu pidi üles ronima ja matavad varsti teie ihu eneste alla, kuidas oleks võimalik niisugust õudsat vaatepilti kirjeldada?

Aga võimatu on öelda, kas alumises hauas on sadu või tuhandeid taolisi putukaid. Hinged teavad vaid, et seal on arvutu kogus taolisi putukaid ja et need kolm on putukate röövsaak.

Arvukad putukad tormavad kolme hinge kallale

Neid putukaid kaljujalamil nähes ronivad kolm hinge kaljust üha kiiremini üles. Aga üsna pea saadakse need kolm hinge kohe kätte, maetakse putukate alla ja nad kukuvad maha, kus need õudsad putukad näksivad nende ihuliikmeid.

Kui nende hingede ihuliikmeid järatakse, on valu nii suur ja talumatu, et nad röögivad nagu elajad ja väänlevad ja raputavad oma kehasid edasi-tagasi. Nad püüavad putukaid endilt maha raputada ja teevad seda üksteist tallates ja maha surudes, kui nad pidevalt üksteist kiruvad ja neavad. Keset toda agooniat tuleb igaühest rohkem kurja kui teistest ja nad taotlevad vaid oma huve ja neavad kogu aeg teisi. Põrgu sõnumitoojatele paistab see vaatepilt meeldivat rohkem kui miski muu, mida nad iganes näinud on.

Siis kui põrgu sõnumitooja heljub üle selle ala ning sirutab oma käe välja ja kogub need putukad, kaovad nad hetkega. Kolm hinge ei tunne nüüd putukate järamist, aga nad ei saa püstloodis kaljust ülesronimist lõpetada. Nad teavad hästi, kuidas lendav põrgu sõnumitooja vabastab varsti taas putukad. Nad jätkavad kogu jõust kaljust ülesronimist. Selles jubedas rahus tabab kolme hinge purustav hirm tulevaste asjade ja kaljust ülesronimise raskuse ees.

Ronimisest saadud sügavate lõikehaavade valu ei saa lihtsalt tähelepanuta jätta. Kuid kolm hinge ei vaata oma verega määrdunud ihudele, kuna hirm nende ihusid näksivate ja neid ribadeks rebivate putukate ees on palju suurem ja nad ronivad nii kiiresti kui nad suudavad. Kui armetu see vaatepilt on!

3. Põleva rauaga suu põletamine

Õpetussõnades 18:21 öeldakse: „*Surm ja elu on keele võimuses, ja kes seda armastab, saab süüa selle vilja.*" Jeesus ütles Matteuse 12:36-37: „*Aga ma ütlen teile, et inimesed peavad kohtupäeval aru andma igast tühjast sõnast, mis nad on rääkinud, sest su sõnadest mõistetakse sind õigeks ja su sõnadest mõistetakse sind süüdi.*" Nendes kahes lõigus öeldakse, et Jumal peab meid vastutavaks meie sõnade eest ja mõistab meie üle vastavalt kohut.

Ühest küljest, need, kes räägivad häid tõesõnu, kannavad oma sõnade kohaselt head vilja. Teisalt, need, kes toovad kuuldavale kurje usuta sõnu, kannavad oma kurjade huulte läbi räägitud kurjade sõnade kohast halba vilja. Vahel me näeme, kuidas hooletult räägitud sõnad võivad talumatus koguses ja suuruses valu ja meelehärmi tuua.

Iga sõna eest tasutakse

Mõned usklikud ütlevad või paluvad oma perekonna tagakiusu tõttu: „Kui mu perekond õnnetuse kaudu meelt parandada võiks, oleks see toda väärt." Niipea kui vaenlane saatan ja kurat neid sõnu kuulevad, süüdistavad nad Jumala ees toda inimest ja ütlevad: „Selle inimese sõnad tuleb täita." Seega saavad sõnad seemneks ja lõpuks leiab aset õnnetus, kus inimesed invaliidistuvad ja seisavad silmitsi lisaraskustega.

Kas on vajadust endi peale kannatusi tõmmata niisuguste rumalate ja vajadusetute sõnadega? Kahjuks vaaruvad paljud, kui kannatused nende elu varjutavad. Teised ei saa isegi aru, et raskused tulid nende endi sõnade kaudu ja ülejäänud isegi ei mäleta, mida nad rääkisid niisuguse häda põhjustamiseks.

Seega pidage meeles, et iga sõna tuleb tagasi ühel või teisel viisil ja me peame alati käituma parimal moel ning oma keelt vaos hoidma. Hoolimata kavatsusest, kui teie poolt räägitu pole hea ega ilus, võib saatan lihtsalt – ja ta kindlasti ka teeb seda – teid teie sõnade eest vastutavaks pidada ja teid allutatakse piinavatele ja vahel vajadusetutele probleemidele.

Mis juhtub inimesele, kes valetab tahtlikult Jumala koguduse ja Ta armastatud sulase kohta ja takistab sellega suuresti koguduse missiooni ning seisab Jumalale vastu? Temast saab kiiresti saatana mõjualune ja ta saab põrgu karistused.

Järgnev on vaid näide karistustest, mis pannakse kõikide peale, kes oma sõnadega Püha Vaimu takistasid.

Inimesed, kes Pühale Vaimule oma sõnadega vastu seisavad

Üks inimene käis mu koguduses ja teenis seda kaua aega, ta oli paljudes eri ametites. Aga ta ei lõiganud oma südant ümber, mis on kaugelt kõige olulisem asi, mida kõigilt kristlastelt nõutakse. Välispidiselt näis ta olevat igati ustav töötegija, kes armastas Jumalat, kogudust ja teisi koguduseliikmeid.

Üks tema pereliige sai terveks parandamatust haigusest, mis oleks võinud teda alaliselt invaliidistada ja teine pereliige elavnes surma lävel olles. Sellele lisaks koges perekond palju Jumalat ja Ta õnnistusi, aga ta ei lõiganud kunagi oma südant ringi ja ei

Karistused Püha Vaimu pilkamise eest

vabanenud kurjast.
Kui kogudus sattus tõsistesse raskustesse, ahvatles saatan ta pereliikmeid kogudust reetma. Ta ei mäletanud armu ja õnnistusi, mis ta koguduse kaudu oli saanud ja lahkus kogudusest, mida ta oli kaua teeninud. Pealegi, ta hakkas koguduse vastu seisma ja varsti hakkas ta koguduseliikmeid külastama ja nende usku sekkuma, otsekui oleks ta evangeeliumi kuulutamise missioonil.

Isegi kui ta lahkus kogudusest oma usu ebakindlusest, oleks Jumal talle lõpuks kaasa tunda võinud, kui ta oleks vaid olnud vait asjus, mis olid talle teadmata ja oleks püüdnud õigust valest eristada.

Aga ta ei suutnud oma kurjusest üle saada ja patustas oma keelega liiga palju ning nüüd ootab teda ees vaid piinav karistus.

Suud kõrvetatakse ja ihu väänatakse

Põrgu sõnumitooja kõrvetab ta suud kuumutatud rauaga, sest ta võitles tugevalt Püha Vaimu vastu sõnadega, mis ta suust tulid. See karistus sarnaneb oma sõnadega süütule Jeesusele ristilöömise karistuse määranud Pontius Pilaatuse karistusele ja nüüd on ta keel alumises hauas alaliselt eemaldatud.

Seda hinge sunnitakse lisaks minema klaasist torusse, mille mõlemas otsas on korgid, kuhu on asetatud metallist käepidemed. Kui põrgu sõnumitoojad pööravad neid käepidemeid, väändub kogu lõksupandud hinge ihu. Ta ihu väänatakse üha rohkem ja nii nagu põrandamopist pigistatakse välja must vesi, purskub hinge veri tema silmadest, ninast, suust ja kõigist muudest kehaõõnsustest välja. Lõpuks voolab kogu ta veri ja elumahl rakkudest välja.

Kas te suudate ette kujutada, kui palju jõudu tuleb rakendada, et sõrmepigistusega verepiiska välja pigistada? Hinge verd ja elumahla ei pigistata mitte ainult ühest tema ihuliikmest, vaid kogu ta kehast, peast varbani. Kõiki ta luid ja lihaskonda väänatakse ja purustatakse tükkideks ning kõik ta rakud lagunevad koost, nii et ihust saab välja pigistada igasuguse ihuvedeliku viimsegi piisa. Kui valus see võib olla!

Lõpuks on klaastoru täis verd ja ta ihust tulnud vedelikku ja see paistab kaugelt nagu pudelitäis punast veini. Pärast seda kui põrgu sõnumitoojad on hinge ihu korduvalt väänanud, kuni viimnegi ihuvedeliku piisk on maha voolanud, jätavad nad ihu hetkeks rahule, et lasta sel taastuda.

Aga isegi siis kui tolle inimese ihu tegelikult taastub, mis lootus on sellel hingel? Ihu taastumise hetkest kordub ihu väänamine ja pigistamine ja sellele ei tule lõppu. Teiste sõnadega, piinavahelised hetked pikendavad vaid piina.

Kuna ta takistas oma keelega jumalariiki, kõrvetatakse tolle hinge huuli ja saatana tööle aktiivse kaasaaitamise eest pigistatakse ta ihust välja viimanegi vedelikukogus.

Vaimumaailmas lõigatakse külvatut ja mida iganes inimene teeb, toda tehakse tallegi. Palun pidage seda meeles ja ärge andke järele kurjale, vaid elage üksnes heade sõnade ja tegudega Jumalat austavat elu.

4. Tohutusuured piinamasinad

See hing koges isiklikult Püha Vaimu tööd, kui ta sai terveks oma haigusest ja nõrkusest. Pärast seda palvetas ta kogu südamest, et ta süda saaks ümber lõigatud. Ta elas Püha Vaimu juhatuse ja järelevalve all ning kandis vilja, ta pälvis koguduseliikmete kiitust ja nad armastasid teda ning temast sai jumalasulane.

Eneseuhkuse poolt vallutatud

Kui teda ümbritsevad inimesed teda kiitsid ja armastasid, muutus ta üha uhkemaks, ta ei suutnud end enam õieti näha ja lõpetas kohusetundmatult oma südame ümberlõikuse. Ta oli alati äge ja armukade ja nendest asjadest vabanemise asemel hakkas ta kõiki neid, kellel oli õigus, arvustama ja hukka mõistma ja ta pidas vimma igaühe vastu, kes polnud talle meeltmööda ega temaga nõus.

Kui inimest valdab ta uhkus ning ta teeb kurja, tuleb temast üha enam kurjust ja ta ei talitse end enam ega soovi kellegi nõu kuulata. Selle hinge kurjus kogunes, ta püüti saatana lõksu ja ta läks avalikult Jumalale vastu.

Pääsemine ei ole täielik kui me Püha Vaimu vastu võtame. Isegi siis kui olla Püha Vaimuga täidetud, kogeda Jumala armu ja Teda teenida, olete te nagu maratonijooksja, kes on ikkagi kaugel finišijoonest – puhastusest. Hoolimata sellest, kui hästi jooksja jookseb, kui ta peatub või minestab keset võidujooksu, ei tee see jooksjale head. Paljud inimesed jooksevad finišijooneni Taevas.

Hoolimata sellest, kui kiiresti te teatud kohani jooksete ja ükskõik kui lähedale finišijoonele te ka ei jõuaks, kui te peatute keset jooksu, on jooks teie jaoks läbi.

Ärge eeldage, et te püsite püsti

Jumal ütleb meile ka, et kui me oleme „leiged," hüljatakse meid (Johannese ilmutus 3:16). Isegi kui te olete usuinimene, peate te alati olema täis Püha Vaimu; Jumala suhtes kirglik püsima ja tulihingeliselt taevariiki enesele vallutama. Aga te ei pääse kui te poolel teel pidama jääte, nii nagu need, kes ei osale võidujooksus algusest saadik.

Sellepärast tunnistas apostel Paulus, kes oli kogu südamest Jumalale ustav: *„Ma suren iga päev, nii tõesti kui teie, vennad, olete mu kiitlemine, mis mul on Kristuses Jeesuses, meie Isandas"* (1. Korintlastele 15:31) ja *„vaid ma löön oma ihu ja teen ta oma orjaks, et muile jutlustades ma ise ei muutuks vääritukus"* (1. Korintlastele 9:27).

Isegi kui te olete olukorras, kus te õpetate teisi, kui te ei vabane oma mõtetest ja oma ihu vaos ei hoia, et see orjastada, nii nagu Paulus tegi, hülgab Jumal teid. See juhtub, kuna *„Teie süüdistaja, kurat, käib ringi nagu möirgav lõvi, otsides, keda neelata"* (1. Peetruse 5:8).

1. Korintlastele 10:12 on kirjas: *„Niisiis, kes enese arvab seisvat, vaadaku, et ta ei langeks."* Vaimumaailm on lõpmatu ja meie üha enam Jumala sarnaseks saamine ei lõpe samuti. Nii nagu põllumees külvab kevadel seemet ja kasvatab seda suvel ning koristab sügisel vilja, peate teie pidevalt edasi liikuma, et

teie hing võiks välja paista ja olla Isanda Jeesusega kohtumiseks valmis.

Pea väänamine ja kirkaga raiumine

Missugused karistused ootavad hinge, kes lõpetas oma südame ümberlõikamise, sest ta mõtles, et ta püsib kindlalt, ent ometi ta langes lõpuks? Teda piinab masin, mis sarnaneb põrgu sõnumitooja ehk langenud ingliga. See masin on põrgu sõnumitoojast mitu korda suurem ja hing tunneb külmavärinat üksnes masina nägemisest. Piinamasina käel on teravad teritatud sõrmeküüned, mis on keskmise kasvuga inimese pikkusest pikemad.

See suur piinamasin hoiab hinge oma parema käega kaelast ja väänab hinge pead vasaku käe sõrmeküüntega, mis raiuvad kirkana ta pead ja kaevuvad ta ajusse. Kas te suudate ette kujutada, kuivõrd valus see olla võib?

See on tohutu füüsiline valu; vaimne piin on veelgi talumatum. Hing näeb oma silmade ees otsekui slaidiseanssi, kus kujutatakse elavalt tema kõige õnnelikumaid hetki selles maailmas: esimest korda Jumala armu kogedes tuntud õnnetunnet, Tema õnnelikku kiitmist, aega, mil ta täitis innukalt Jeesuse käsku „minna ja teha jüngreid kogu maailma rahvaste seas" ja sarnast.

Vaimne piin ja pilkamine

Hinge jaoks on iga nähtud pilt otsekui pistoda tema südames. Kord oli ta Kõigeväelise Jumala sulane ja täis aulises Uues

Jeruusalemmas elamise lootust. Nüüd on ta selles armetus kohas kinni. See tugev kontrast lõhestab ta südame. Hing ei suuda enam vaimset piina taluda ja peidab oma verise sassis pea ja näo kätesse. Ta anub halastust ja piinamise lõpetamist, kuid tema piin on lõpmatu.

Mõne aja pärast pillab piinamasin hinge maha. Siis ümbritsevad teda hinge kannatusi pealt vaadanud põrgu sõnumitoojad ning pilkavad teda, öeldes: „Kuidas sa võisid olla jumalasulane? Sinust sai saatana apostel ja nüüd lõbustad sa saatanat."

Kui ta kuuleb pilkamist ning nuuksub ja karjub, et talle halastataks, võtavad piinamasina paremal pool asuvad kaks sõrme ta kaelast kinni. Masin ei pööra mingit tähelepanu hinge vingerdamisele ja tõstab ta kaela kõrgusele ning torkab ta pead vasaku käe teravaks teritatud sõrmeküüntega. Masin tekitab lisapiina slaidiseansi taasesitusega. See piin kestab kohtupäevani.

5. Puutüve külge seotud olemine

See karistus on endisele jumalasulasele, kes õpetas kord oma koguduseliikmeid ja juhatas palju tähtsaid ameteid.

Pühale Vaimule vastupanemine

See hing igatses loomupäraselt väga kuulsust, materiaalset rikkust ja võimu. Ta teostas oma kohustusi usinalt, aga ei saanud aru oma kurjusest. Ühel hetkel lakkas ta palvetamast ja lõpetas seega tagajärjekalt oma südame ümberlõikamiseks pingutuste tegemise. Igasugune kurjus kasvas tema kohusetundmatusega nagu mürgiseen ja kui kogudust, kus ta varem teenis, tabas suur kriis, võttis saatan ta kohe oma väega üle.

Kui ta pärast saatanapoolset kiusamist Pühale Vaimule vastu pani, muutusid ta patud veelgi tõsisemaks, sest ta oli varem koguduse juht ja mõjutas väga paljusid koguduseliikneid negatiivselt ning takistas jumalariiki.

Allutatud nii piinale kui pilkamisele

Seda inimest karistatakse alumises hauas puutüve külge sidumisega. Tema karistus ei ole sama tugev kui Juudas Iskarioti oma, kuid see on ikkagi vali ja talumatu.

Põrgu sõnumitooja näitab hingele slaidiseanssi, kus kujutatakse pilte, mis kirjeldavad tema elu kõige õnnelikumaid hetki, enamasti sel ajal, kui ta oli Jumala ustav sulane. See vaimne piin meenutab talle, et ta võis saada Jumala külluslikud õnnistused, aga ta ei lõiganud kunagi oma südant ümber oma ahnuse ja vääruse tõttu ning nüüd on ta siin ja teda karistatakse nii kohutavalt.

Laest ripuvad alla arvukad mustad viljad ja pärast hingele slaidiseansi pildi näitamist osutab põrgu sõnumitooja lakke ja pilkab teda, öeldes: „Su ahnus kandis sellesarnast vilja!" Siis kukuvad viljad ükshaaval. Iga vili on teda Jumalale vastuseismisel järginud inimese pea. Nad tegid selle hingega sama pattu ja ülejäänud osa nende ihust lõigati ära pärast võigast piina. Järele on jäänud vaid nende pead, mis ripuvad laes. Puu külge seotud hing õhutas ja ahvatles selles maailmas neid inimesi oma ahnuse teid järgima ja kurja tegema ja seega neist sai tema ahnuse vili.

Mil iganes põrgu sõnumitooja teda pilkab, on pilge otsekui signaaliks, mille peale viljad langevad ja purunevad ühekaupa. Siis veereb kotist praksatusega välja pea. Näidendites, ajaloolistes või põnevusdokumentaalfilmides, lavastustes või filmides, kus tegelase kõri lõigatakse läbi, kujutatakse surnud tegelase pead tavaliselt sasitud juustega, verise näo, villis huulte ja põrnitsevate silmadega. Laest langevad pead on üsna sarnased niisugustes näidendites või filmides näidatud peadele.

Laest langenud pead järavad hinge

Kui hirmsad pead kukuvad laest alla, klammerduvad nad ühekaupa selle hinge külge. Esiteks klammerduvad nad ta jalgade külge ja hammustavad need ära.

Hinge silmade eest möödub järgmine pilt slaidiseansist ja põrgu sõnumitooja pilkab teda taas, öeldes: „Vaata, su ahnus ripub niimoodi!" Siis kukub laest järgmine kott ja puruneb ning järgmine pea klammerdub hinge käsivarte külge ja hammustab neid ägedalt.

Sel moel, mil iganes põrgu sõnumitooja pilkab hinge, kukuvad laest ühekaupa pead. Need pead ripnevad kõikjal hinge ihu küljes nagu puud, mis kannavad külluslikku vilja. Nende peade hammustuste valu erineb täielikult selle maailma inimeste või loomade hammustuste tekitatud valust. Nende peade teravatest hammastest pärinev mürk levib hammustatud kohtadest luudesse ja muudab ihu tahkeks ja tumedaks. See valu on nii suur, et putukate järamine või elajate poolt tükkideks rebimine näivad olevat palju valutumad.

Karistused Püha Vaimu pilkamise eest

Hinged, kelle pea jäi üksnes järele, pidid taluma piina, mille käigus ülejäänu nende ihust lõigati ära ja rebiti puruks. Kui suur vimm peab neil selle hinge vastu olema? Isegi kui nad läksid Jumala vastu oma kurjuse tõttu, on neil pahatahtlik ja meeleheitlik soov Talle oma langemise eest kätte maksta.

Hing teab väga hästi, et teda karistatakse ahnuse eest. Kuid oma pattudest meele parandamise asemel neab ta agaralt teda hammustavate ja tema ihu lömastavate teiste hingede päid. Aja möödudes ja valu suurenemisega muutub hing veelgi õelamaks ja kurjemaks.

Te ei pea tegema andeksandmatut pattu

Ma tõin viis näidet Jumalale vastu seisnud inimesi tabanud karistustest. Niisugused hinged saavad paljude teiste omadest raskemad karistused, sest mingil ajal tegid nad oma elus Jumala jaoks tööd, et koguduse juhtidena jumalariiki suuremaks teha.

Me peame siin meeles pidama, et igaüks paljudest hingedest, kes läksid alumisse hauda ja keda seal karistatakse, mõtles, et ta uskus Jumalat ja teenis innukalt Teda, jumalasulaseid ja Ta kogudust.

Pealegi te peate meeles pidama, et te ei räägiks kunagi Püha Vaimu vastu ega seisaks Ta vastu ega pilkaks Teda. Meeleparanduse vaimu ei anta neile, kes võitlevad Püha Vaimu vastu, eriti kuna nad seisavad Talle vastu pärast seda kui nad tunnistasid oma usku Jumalasse ja pärast seda kui nad nägid oma silmaga Püha Vaimu tegusid. Seega nad ei saa isegi meelt parandada.

Ma ei ole oma teenistuse alguspäevadest tänase päevani

kunagi kritiseerinud teisi kogudusi ega teisi jumalasulaseid ja ma ei ole neid kunagi kutsunud „ketseriteks." Kui teised kogudused ja pastorid usuvad Kolmainu Jumalat, tunnistavad Taeva ja põrgu olemasolu ja kuulutavad Jeesuse Kristuse kaudu pääsemise sõnumit, kuidas võivad nad olla ketserid?

Lisaks on selgelt tegu Püha Vaimu vastu minemisega, kui taunitakse ja sildistatakse kogudust või jumalasulast, kelle kaudu on nähtav korduvalt kinnitatav Jumala meelevald ja ligiolu. Pidage meeles, et niisugust pattu ei andestata.

Seega, kuni tõde leiab kinnituse, ei saa keegi teist „ketseriks" kutsuda. Lisaks ei või te kunagi oma keelega pattu teha, Püha Vaimu takistades ja Talle vastu seistes.

Kui te jätate Jumalalt saadud ülesande

Me ei või kunagi mitte mingisuguses olukorras oma äranägemist mööda jätta Jumalalt saadud kohustusi. Jeesus toonitas talentide tähendamissõnas ülesannete tähtsust (Matteuse 25. peatükk).

Elas kord mees, kes läks reisile. Ta kutsus oma sulased ja usaldas oma vara nende kätesse, igaühele tema võimekust mööda. Ta andis esimesele sulasele viis talenti, teisele kaks ja viimasele ühe. Esimene ja teine sulane kauplesid rahaga ja mõlemad said topeltkasu. Kuid ühe talendi saanud sulane läks ja kaevas maa sisse augu ning peitis peremehe raha sinna sisse. Pärast kaua aja möödumist naasis peremees ja õiendas neist igaühega arved. Mehed, kes said vastavalt viis ja kaks talenti, näitasid ette lisandunud poole summast. Peremees kiitis

Karistused Püha Vaimu pilkamise eest

mõlemat ja ütles: „Tubli, sa hea ja ustav sulane!" Siis hüljati mees, kes sai ühe talendi, sest ta ei kaubelnud rahaga ega saanud sellelt intressi, vaid ta hoidis hoopis raha oma käes.

„Talent" tähistab selles tähendamissõnas igasugust Jumala antud kohustust. Te näete, et Jumal hülgas inimese, kes pidas kinni vaid oma kohusest. Ometi hülgavad paljud meid ümbritsevad inimesed Jumalalt saadud kohustused. Te peate mõistma, et oma kohustused jätnud inimeste üle mõistetakse kohtupäeval kindlasti kohut.

Vabanege silmakirjalikkusest ja lõigake ümber oma süda

Jeesus mainis südame ümberlõikamise tähtsust ka siis, kui ta manitses käsuseaduse õpetajaid ja varisere ja kutsus neid silmakirjateenriteks. Käsuseaduse õpetajad ja variserid näisid elavat ustavat elu, aga nende süda oli nii palju kurja täis, et Jeesus pidi neid noomima, öeldes, et nad olid nagu lubjatud hauad.

„Häda teile, kirjatundjad ja variserid, te silmakirjatsejad, sest te sarnanete lubjatud haudadega, mis väljastpoolt paistavad küll nägusad, aga seestpoolt on täis surnuluid ja kõiksugust roisku! Nõnda paistate ka teie inimestele õigetena, aga seestpoolt olete täis silmakirjatsemist ja ülekohut" (Matteuse 23:27-28).

Samal põhjusel on väärtusetu, kui te kannate meiki või kõige paremaid riideid, aga te süda on täis armukadedust, vihkamist ja kõrkust. Jumal tahab üle kõige, et me lõikaksime oma südame ümber ja vabaneksime kurjast.

Evangeeliumi kuulutamine, koguduseliikmete eest hoole kandmine ja koguduse teenimine on olulised. Aga kõige tähtsam on armastada Jumalat, käia valguses ja muutuda üha enam Jumala sarnaseks. Te peaksite olema püha, nii nagu Jumal on püha ja te peaksite olema täiuslik, nii nagu Jumal on täiuslik.

Ühest küljest, kui teie praegune innukus Jumala suhtes ei tule täielikust südamest ja täiest usust, võib see alati manduda ja seega ei saa see Jumalale meelepärane olla. Teisest küljest, kui keegi lõikab oma südame ümber ja saab pühaks ja terveks, tuleb selle inimese südamest Jumalale tõesti meelepärast lõhna.

Lisaks, hoolimata sellest, kui palju te võisite õppida tundma Jumala Sõna või kui palju te seda teate, on teie jaoks tähtsam otsustada käituda ja elada Sõna kohaselt. Te peaksite alati meeles pidama piinava põrgu olemasolu, puhastama oma südant ja kui Isand Jeesus naaseb, olete te esimene, kes Teda embab.

1. Korintlastele 2:12-14 öeldakse: *„Aga meie ei ole saanud maailma vaimu, vaid Vaimu, kes on Jumalast, et me võiksime teada, mida Jumal meile armust kingib. Seda me siis ka räägime mitte inimtarkuse õpetatud sõnadega, vaid Vaimu õpetatud sõnadega, võrreldes vaimseid asju vaimsetega. Aga maine inimene ei võta vastu midagi, mis on Jumala Vaimust, sest see on temale narrus ja ta ei suuda seda tunnetada, sest seda tuleb mõista vaimselt."*

Kuidas võiks keegi lihalikus maailmas ilma Jumala poolt

meile ilmutatud Püha Vaimu töö ja abita vaimsetest asjadest rääkida ja neid mõista? Jumal ise ilmutas selle põrgu tunnistuse ja seega on iga selle osa tõene. Põrgu karistused on nii õudsad, et ma kirjutasin iga üksikasja paljastamise asemel ainult mõnest piinajuhtumist. Samuti, pidage meeles, et paljude alumisse hauda sattunud inimeste seas on neid, kes olid kord Jumalale ustavad ja truud.

Kui teil pole õigeid omadusi, nimelt, kui te lakkasite palvetamast ja oma südant ümber lõikamast, ahvatleb saatan teid peaaegu kindlalt Jumalale vastu minema ja lõpuks lähete te põrgusse.

Ma palun Isanda nimel, et te saaksite aru, kui hirmus ja armetu koht on põrgu ja püüaksite võimalikult palju hingi pääsemisele tuua, et te palvetaksite tuliselt, kuulutaksite usinalt evangeeliumi ja katsuksite end alati läbi, et täielikult pääseda.

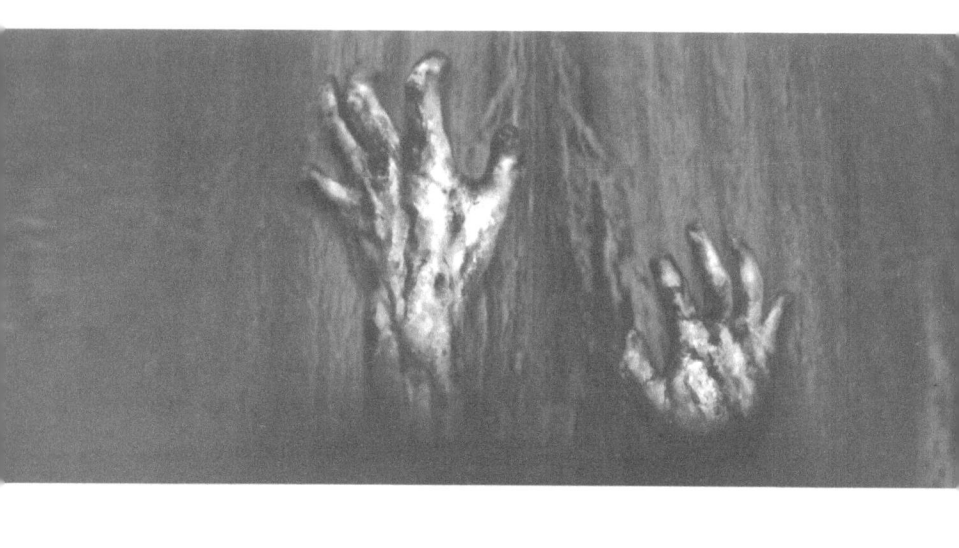

7. Peatükk

Pääsemine suure viletsuseaja jooksul

1. Kristuse tagasitulek ja koguduse ülesvõtmine
2. Seitsmeaastane suur viletsuseaeg
3. Märterlus suure viletsuseaja jooksul
4. Kristuse teine tagasitulek ja tuhandeaastane rahuriik
5. Valmistudes olema Isanda ilus pruut

*„Ja seda Kuningriigi evangeeliumi
kuulutatakse kogu ilmamaale,
tunnistuseks kõigile rahvastele, ja siis tuleb lõpp."*
- Matteuse 24:14 -

*„Veel kolmas ingel järgnes neile, hüüdes suure häälega:
„Kui keegi kummardab metsalist ja tema kuju ning võtab tema märgi
oma otsaette või oma käe peale, siis ta saab juua Jumala raevu viina,
mis lahjendamata on valatud Tema vihakarikasse,
ning teda piinatakse tules ja väävlis pühade inglite ees ja Talle ees.
Ja nende piinasuits tõuseb üles igavesest ajast igavesti; ja neil,
kes kummardavad metsalist ja tema kuju,
ei ole hingamist päeval ega ööl, ei ühelgi,
kes võtab endale ta ime märgi."*
- Johannese ilmutus 14:9-11 -

Pääsemine suure viletsuseaja jooksul

Kui me paneme hästi tähele tänapäeva ajaloo kulgu või Piibli prohvetikuulutusi, saame me aru, et aeg on käes ja Isanda tulek on lähedal. Viimaste aastate jooksul on esinenud arvukaid maavärinaid ja üleujutusi, mille sarnase suurusega sündmused leiavad aset vaid umbes korra iga saja aasta jooksul. Lisaks on sagedased suuremastaapsed metsatulekahjud, orkaanid ja taifuunid jätnud oma teele maha hävingu ja hiiglasuure arvu surmajuhtumeid. Aafrikas ja Aasias kannatasid paljud pikkade põudade tõttu ja surid nende põhjustatud nälja tõttu. Suur osa maailmast tunnistas ja koges osoonikihi hõrenemisest tingitud normist kõrvalekalduvat ilma „El Niñot," „La Niñat" ja palju muud.

Pealegi ei näi maadevahelistele sõdadele ja konfliktidele, terroristide tegudele ja muudele vägivallavormidele lõppu tulevat. Inimese moraalipõhimõtteid ületavad metsikused on saanud igapäevaseks sündmuseks ja massimeedia kujutab neid.

Jeesus Kristus kuulutas niisuguseid nähtusi juba kahetuhande aasta eest, kui Ta vastas jüngrite küsimusele: *"Ütle mulle, millal see kõik tuleb ja mis on sinu tulemise ja selle ajastu lõpu tunnustäht?"* (Matteuse 24:3)

Näiteks, kui tõesed on tänapäeval järgmised salmid?

Sest rahvas tõuseb rahva vastu ja kuningriik kuningriigi vastu ja on näljahädasid ja paiguti on maavärinaid. See kõik on aga sünnitusvalude algus (Matteuse 24:7-8).

Seega, kui teil on tõene usk, peaksite te teadma, et Jeesuse naasmise päev on väga lähedal ja valvama nagu viis tarka neitsit valvasid (Matteuse 25:1-13). Te ei tohiks kunagi lõpetada hüljatuna, nagu teised viis neitsit, kes ei kogunud eelnevalt oma lampidesse piisavalt õli.

1. Kristuse tagasitulek ja koguduse ülesvõtmine

Meie Isand Jeesus Kristus suri ristil, tõusis kolmandal päeval surnuist ja läks paljude inimeste nähes umbes kakstuhat aastat tagasi Taevasse. Apostlite teod 1:11 öeldakse: *„See Jeesus, kes teilt võeti üles Taevasse, tuleb samal kombel, nagu te nägite Teda Taevasse minevat."*

Jesus naaseb pilvedes

Jeesus Kristus avas pääsemise tee, läks Taevasse, kus Ta istub Isa paremal käel ja valmistab meie jaoks kohta. Jumala valitud ajal ja siis kui meie taevased kohad on valmis, tuleb Jeesus meie järele tagasi, nagu Ta kuulutas prohvetlikult Johannese 14:3: *„Ja kui ma olen läinud ja teile aseme valmistanud, tulen ma jälle tagasi ja võtan teid kaasa enese juurde, et teiegi oleksite seal, kus olen mina."*

Kuidas näeb välja Jeesuse naasmine?

1. Tessalooniklastele 4:16-17 kujutatakse vaatepilti, kus Jeesus

tuleb arvukate taevaste vägede ja inglitega ja surnutega Kristuses Taevast alla.

Sest Isand ise tuleb sõjahüüu, peaingli hääle ja Jumala pasuna saatel alla Taevast ning esmalt tõusevad üles surnud, kes on läinud magama Kristuses, pärast kistakse meid, kes me oleme üle jäänud elama, ühtviisi koos nendega pilvedes üles õhku Isandale vastu, ja nõnda me saame alati olla koos Isandaga.

Kui suurejooneline on Jeesuse Kristuse naasmine arvukate taevavägede ja inglitega, kes ümbritsevad ja valvavad Teda pilvedes! Sel ajal võetakse õhku kõik inimesed, kes on usu kaudu päästetud ja nad osalevad seitsmeaastasel pulmapeol.

Need, kes on juba surnud, kuid päästetud Kristuses, tõusevad esimesena ja saavad Isandaga õhus kokku, pärast neid tulevad Jeesuse naasmise ajal elavad inimesed, kelle ihud muutuvad kadumatuteks ihudeks.

Koguduse ülesvõtmine ja seitsmeaastane pulmapidu

„Koguduse ülesvõtmine" on sündmus, mille käigus usklikud tõstetakse õhku. Kus on siis see „õhk," mida mainitakse 1. Tessaloonikalastele 4. peatükis?

Efeslastele 2:2 põhjal, kus öeldakse: *„milles te varem käisite selle maailma ajastu viisil, vürsti viisil, kellel on meelevald õhus, vaimu viisil, kes nüüdki on tegev sõnakuulmatute laste seas,"* „õhk" tähistab siin kohta, kus kurjadel vaimudel on meelevald.

Kuid see koht, mis on kurjade vaimude päralt, ei tähista seitsmeaastase pulmapeo toimumise kohta. Isa Jumal valmistas pulmapeo jaoks erilise koha. Piiblis kutsutakse toda ettevalmistatud paika „õhuks," mis ühtib kurjade vaimude asukohaga, kuna need kaks kohta asuvad samas ruumis.

Kui uduselt taevasse vaadata, võib olla raske mõista, kus asub tegelikult too „õhk," kus me kohtume Jeesusega ja kus peetakse seitsmeaastane pulmapidu. Nendele küsimustele leiab vastused „Loenguseeriast 1. Moosese raamatu kohta" ja kaheosalisest Taeva seeriast. Palun vaadake neid sõnumeid, sest vaimumaailma mõistmine ja Piibli uskumine sellisena, nagu see on, on oluline.

Kas te suudate ette kujutada, kui õnnelikud on kõik Jeesusesse uskujad, kes on end pruudi moel ette valmistanud, kui nad kohtuvad viimaks peigmehega ja võtavad osa seitse aastat kestvast pulmapeost?

> *„Rõõmustagem ja hõisakem ja andkem Talle au, sest Talle pulmad on tulnud ning Tema naine on ennast seadnud valmis, ja Talle on antud, et Ta riietuks säravasse puhtasse peenlinasesse! See peenlinane on pühade õiged seadmised. Ingel ütles mulle: „Kirjuta: Õndsad on need, kes on kutsutud Talle pulmasöömaajale!" Ta ütles mulle: „Need on Jumala tõelised sõnad""* (Johannese ilmutus 19:7-9).

Ühest küljest saavad need usklikud, kes õhku võeti, maailma võitmise tasu. Teisest küljest kannatavad need, keda õhku ei võetud, kirjeldamatult suurt viletsust, mille taga seisavad kurjad vaimud, kes aeti Jeesuse naasmisel õhust maa peale.

2. Seitsmeaastane suur viletsuseaeg

Kui päästetud usklikud tunnevad õhus Jeesuse Kristusega seitsmeaastasest pulmapeost rõõmu ja rõõmustavad Temaga ning kavandavad õnnelikku tulevikku, seisavad kõik maa peale mahajäänud silmitsi enneolematus suuruses seitsmeaastase viletsuseajaga ja inimkonda tabavad kirjeldamatud hirmsad õnnetused.

III maailmasõda ja metsalise märk

Tulevase ülemaailmse tuumasõja – III maailmasõjaga – põleb ära kolmandik kõikidest maa peal olevatest puudest ja kolmandik inimkonnast hävib. Selle sõna ajal on tõsise saaste tõttu raske leida hingamiseks õhku ja puhast vett ja toiduainete ning esmatarbekaupade hinnad tõusevad lakke.

Metsalise märk „666" seatakse sisse ja igaüks peab sellele alistuma ja võtma märgi kas oma paremale käele ja/või otsmikule. Kui keegi keeldub toda märki vastu võtmast, puudub ta isikul tagatis ja tal ei ole mingisuguste tehingute tegemise ega isegi esmatarbekaupade ostmise võimalust.

Ja ta tegi, et kõik – pisikesed ja suured, rikkad ja vaesed, vabad ja orjad – võtaksid endale märgi oma paremale käele või oma otsaette, ning et keegi muu ei tohiks osta ega müüa kui vaid see, kellel on märk, kas metsalise nimi või tema nime arv. Siin olgu tarkust! Kellel on mõistust, see arvutagu välja metsalise arv, sest see on inimese arv, ja tema arv on kuussada kuuskümmend kuus (Johannese ilmutus 13:16-18).

Nende seast, kes pärast Isanda tagasitulekut ja koguduse ülesvõtmist maha jäävad, on inimesed, kes kuulsid evangeeliumi või käisid koguduses ja mäletavad nüüd Jumala Sõna.

Nende seas on inimesed, kes hülgasid usu tahtlikult ja teised, kes mõtlesid, et nad usuvad Jumalat, aga jäid ikkagi maha. Kui nad oleksid Piiblit kogu südamest uskunud, oleksid nad elanud head elu Kristuses.

Selle asemel olid nad alati leiged ja ütlesid: „Ma saan alles pärast surma teada, kas Taevas ja põrgu on olemas" ja seega neil puudus pääsemise jaoks vajalik usk.

Karistused inimestele, kes võtavad metsalise märgi

Niisugused inimesed saavad aru, et iga sõna Piiblis on tõde alles siis, kui nad näevad, kuidas kogudus üles võetakse. Nad kurvastavad ja nutavad kibedalt. Neid haarab suur hirm ja nad parandavad meelt sellest, et nad ei elanud Jumala tahte järgi ning nad nad otsivad meeleheitlikult pääsemise teed. Pealegi, kuna nad teavad, et metsalise märgi vastu võtmine viib neid vaid põrgusse, teevad nad kõikvõimaliku selle vältimiseks. Nad püüavad oma usku tõestada isegi sel viisil.

Pääsemine suure viletsuseaja jooksul

Veel kolmas ingel järgnes neile, hüüdes suure häälega: „Kui keegi kummardab metsalist ja tema kuju ning võtab tema märgi oma otsaette või oma käe peale, siis ta saab juua Jumala raevu viina, mis lahjendamata on valatud tema vihakarikasse, ning teda piinatakse tules ja väävlis pühade inglite ees ja Talle ees. Ja nende piinasuits tõuseb üles igavesest ajast igavesti; ja neil, kes kummardavad metsalist ja tema kuju, ei ole hingamist päeval ega ööl, ei ühelgi, kes võtab endale ta nime märgi. Siin olgu kannatlikkust pühadel, kes hoiavad alal Jumala käske ja Jeesuse usku!" (Johannese ilmutus 14:9-12)

Kuid metsalise märgist ei ole lihtne keelduda, eriti maailmas, kus kurjad vaimud on täielikult kõik üle võtnud. Samal ajal teavad ka kurjad vaimud, et need inimesed saavad päästetud kui nad keelduvad 666 märgist ja surevad märtrisurma. Seega kurjad vaimud ei taha lihtsalt alla anda ja ei saa seda teha.

Algkoguduse ajal, kahe tuhande aasta eest, kiusasid paljud valitsuse võimkonnad kristlasi taga, neid risti lüües, nende pead maha lüües või neid lõvidele söögiks jättes. Kui inimesi kiusati niimoodi taga ja tapeti, siis seitsmeaastase suure viletsuseaja jooksul surevad kiiresti arvukad inimesed. Kuid selle seitsmeaastase aja jooksul ei tee kurjad vaimud mahajäänute jaoks asju lihtsamaks. Kurjad vaimud sunnivad inimesi Jeesust igal võimalikul viisil salgama, võttes kõik olemasolevad vahendid inimeste vastu kasutusele. See ei tähenda, et inimesed võiksid piina vältimiseks enesetappu sooritada, kuna enesetapp viib vaid põrgusse.

Need, kes saavad märtriteks

Ma mainisin juba mõningaid julmasid piinameetodeid, mida kurjad vaimud kasutavad. Suure viletsuseaja jooksul kasutatakse vabalt kirjeldamatuid piinameetodeid. Pealegi, kuna piina on peaaegu võimatu taluda, saavad sel ajal tegelikult päästetud vaid vähesed inimesed.

Seega, me kõik peame olema alati vaimselt ärkvel ja omama niisugust usku, mis tõstab meid Kristuse tagasituleku ajal õhku.

Palvetamise ajal näitas Jumal mulle nägemust, kus koguduse ülesvõtmise ajal mahajäänud inimesi piinati igasugusel viisil. Ma nägin, et enamik inimesi ei suutnud neid piinasid taluda ja andsid lõpuks kurjadele vaimudele järele.

Piin hõlmab inimnaha mahakoorimist, nende liikmete murdmist ja purustamist, sõrmede ja varvaste äralõikamist ja nende sariseva õliga ülevalamist. Mõned inimesed, kes suudavad oma piina taluda, ei suuda taluda seda, kui nad näevad oma vanasid vanemaid või väikeseid lapsi kannatamas ja ka nemad alistuvad 666 märgile.

Kuid on olemas väike hulk õigeid inimesi, kes võidavad kõik kiusatused ja piina. Need inimesed saavad päästetud. Isegi kui on tegu häbiväärse pääsemisega ja nad lähevad Taevasse kuuluvasse paradiisi, on nad lihtsalt tänulikud ja õnnelikud, et nad ei lähe põrgusse.

Sellepärast oleme me kohustatud seda põrgu sõnumit kogu maailmas levitama. Isegi kui näib, et inimesed ei pööra sellele praegu tähelepanu, kui see meenub neile suure viletsuseaja jooksul, sillutab see nende pääsemiseks tee.

Mõned inimesed ütlevad, et nad surevad pääsemiseks märtrisurma, kui kogudus tõesti üles võetakse ja nad maha jäävad. Aga kui neil ei olnud usku rahuajal, siis kuidas võiksid nad seista oma usu eest keset niisugust julma piina? Me ei või isegi ette kuulutada, mis meiega järgmise kümne minuti jooksul juhtub. Kui nad surevad enne seda kui nad isegi saavad võimaluse märtrisurma surra, ootab neid vaid põrgu.

3. Märterlus suure viletsuseaja jooksul

Lubage mul tuua veel selgitusi hinge näite varal, et aidata teil suure viletsuseaja piina lihtsamini mõista ning et te võiksite tolle aja vältimiseks vaimselt ärkvel olla,

Kuna see naine sai Jumala ülevoolava armu osaliseks, võis ta näha ja kuulda Jumala suuri, aulisi ja isegi varjatud asju. Aga ta süda oli täis kurjust ja tal oli vähe usku.

Ta täitis niisuguste Jumala armuandidega tähtsaid ülesandeid ja etendas olulist osa jumalariigi suurendamisel ning oli sageli oma tegudega Jumalale meelepärane. Inimestel on lihtne eeldada: „Need, kes täidavad koguduses tähtsaid ülesandeid, on kindlasti suure usuga mehed ja naised!"

Aga see ei ole ilmtingimata tõene. Jumala vaatepunktist on arvukaid usklikke, kelle usk on tegelikult kõike muud kui „suur." Jumal ei mõõda lihalikku, vaid vaimset usku.

Jumal tahab vaimset usku

Vaatame lühidalt „vaimset usku" iisraellaste Egiptusest vabakssaamise juhtumi alusel. Iisraellased nägid ja kogesid Jumala kümmet nuhtlust. Nad nägid, kuidas Punane Meri läks kaheks ja vaarao ja ta sõjavägi uppusid sinna. Nad kogesid, kuidas Jumal juhtis neid päeval pilvesamba ja öösl tulesamba kujul. Nad sõid iga päev taevast mannat ja kuulsid pilvedes asuva Jumala häält ning nägid Tema tuliseid tegusid. Nad jõid vett kaljust pärast seda kui Mooses kaljut lõi ja nägid, kuidas Maara kibe vesi muutus magusaks. Isegi kui nad kogesid pidevalt elava Jumala tegusid ja tunnustähti, ei olnud nende usk Jumalale meelepärane ega vastuvõetav. Seega nad ei saanud lõpuks minna tõotatud Kaananimaale (4. Moosese raamat 20:12).

Ühest küljest ei ole tegudeta usk, hoolimata sellest, kui palju inimene Jumala Sõna tunneb ja on Ta tegusid ja imesid näinud ja neist kuulnud, tõeline usk. Teisest küljest, kui me saame vaimse usu, ei lakka me Jumala Sõna õppimast; me muutume Sõnale kuulekaks, lõikame oma südame ümber ja hoidume igasugusest kurjast. Meie „suure" või „väikese" usu omamise määrab, mil määral me kuuletume Jumala Sõnale ja elame ning käitume selle kohaselt ja kuivõrd me sarnaneme Jumala südamele.

Korduv sõnakuulmatus kõrkuses

Sellest küljest oli naisel väike usk. Ta püüdis oma südant mõnda aega ümber lõigata, kuid ei suutnud täiesti kurjast vabaneda. Lisaks, kuna ta oli Jumala Sõna jutlustaja ametis,

Pääsemine suure viletsuseaja jooksul

muutus ta üha kõrgimaks.

Naine arvas, et tal oli tõene ja suur usk. Ta läks nii kaugele, et arvas, et Jumala tahet ei olnud võimalik tema juuresoleku või abita teoks teha ega ellu viia. Üha enam, selle asemel, et Jumala käest saadud andide eest Jumalale au anda, tahtis ta au enesele võtta. Pealegi kasutas ta oma valduses olevat Jumala omandit oma patuloomuse ihade rahuldamiseks.

Ta jätkas pidevat sõnakuulmatust. Isegi siis, kui ta teadis, et Jumal tahab näha teda idas, läks ta läände. Nii nagu Jumal hülgas Iisraeli esimese kuninga Sauli ta sõnakuulmatuse tõttu (1. Saamueli raamat 15:22-23), õhutab korduv sõnakuulmatus üksnes Jumalat neist inimestest oma nägu ära pöörama isegi siis, kui inimesi kasutati kunagi Jumala tööriistadena jumalariigi teostamiseks ja avardamiseks.

Kuna naine tundis Sõna, oli ta oma pattudest teadlik ja ta parandas korduvalt meelt. Aga tema meeleparanduse palved sündisid vaid ta huulte läbi ja ei tulnud ta südamest. Lõpuks tegi ta korduvalt samu patte ja suurendas sellega veelgi rohkem Jumala ja enese vahelist patumüüri.

2. Peetruse 2:22 öeldakse: *„Nendele on tulnud kätte see, mida tõeline vanasõna ütleb: „Koer pöördub tagasi oma okse juurde" ja „Pestud emis läheb porisse püherdama.""* Pärast pattudest meele parandamist tegi ta pidevalt samasid pattusid.

Lõpuks, kuna uhkus, ahnus ja arvukad patud võtsid ta oma valdusesse, pööras Jumal oma pale tema pealt ära ja temast sai lõpuks saatana tööriist, kes Jumalale vastupanu osutas.

Kui viimane meeleparanduse võimalus on antud

Üldiselt ei saa need inimesed, kes Püha Vaimu vastu räägivad, Ta vastu seisavad või Teda pilkavad, andeks. Nad ei saa enam kunagi meeleparandamise võimalust ja lõpetavad alumises hauas. Kuid selles naises on midagi erinevat. Hoolimata kogu patust ja kurjast, mis Jumalat pidevalt pahandas, jättis Ta talle ikkagi viimase meeleparandamise võimaluse. See jäeti, kuna naine oli kord jumalariigi jaoks Jumala hindamatu tööriist. Isegi kui naine jättis oma kohustused ja taevase au ja tasude lubadused, annab Jumal talle ühe viimase võimaluse, kuna ta oli Talle väga meeltmööda.

Ta paneb ikka Jumalale vastu ja Püha Vaim temas on kustunud. Aga Jumala erilise armu teel on naisel veel viimane meeleparandamise võimalus, et suure viletsuseaja jooksul märterluse teel päästetud saada.

Tema mõtted on ikkagi saatana valitsuse all kinni, aga pärast koguduse ülesvõtmist tuleb talle aru pähe. Kuna ta tunneb Jumala Sõna väga hästi, teab ta ka hästi eesseisvat teed. Pärast seda kui ta saab aru, et märterlus on ainus tee, kuidas saada päästetud, parandab ta täielikult meelt, kogub mahajäänud kristlased ja ülistab, kiidab ja palvetab nendega samal ajal kui ta märtrisurmaks valmistub.

Märtrisurm ja häbistav pääsemine

Kui õige aeg saabub, keeldub ta 666 märki vastu võtmast ja ta viiakse pärast seda minema, et saatana kontrolli all olijad teda

Pääsemine suure viletsuseaja jooksul

piinaksid. Ta nahk kooritakse kihikaupa ära. Isegi ta kõige pehmemaid ja privaatsemaid ihuliikmaid kõrvetatakse tulega. Tema piinamiseks leiutatakse kõige valulikum ja kauakestvam meetod. Varsti täitub tuba põleva liha haisuga. Ta ihu on peast jalatallani verine, pea on langetatud ja ta nägu on tumesinise varjundiga, mis sarnaneb surnule.

Kui ta suudab toda piina lõpuni taluda, saab ta oma arvukatest pattudest ja minevikus tehtud kurjast hoolimata vähemalt häbiväärse pääsemise osaliseks ja läheb paradiisi. Paradiisis, mis on Taeva äärealas ja Jumala aujärjest kõige kaugemal, naine hädaldab ja on pisarais oma selles elus tehtud tegude pärast. Muidugi on ta pääsemise eest tänulik ja rõõmus. Aga tulevaste ajastute jooksul ta kahetseb ja igatseb Uut Jeruusalemma, öeldes: „Kui ma oleksin vaid vabanenud kurjast ja Jumala ülesannet kogu südamest täitnud, oleksin ma Uue Jeruusalemma kõige aulisemas kohas..." Kui ta näeb talle selles elus tuttavaid inimesi Uues Jeruusalemmas elamas, tunneb ta alati häbi ja piinlikkust.

Kui ta võtab 666 märgi vastu

Kui ta piina ei talu ja võtab metsalise märgi enne tuhandeaastast rahuriiki vastu, heidetakse ta alumisse hauda, kus teda karistatakse ristilöömisega Juudas Iskarioti parempoolses tagumises küljes. Teda karistatakse alumises hauas suure viletsuseaja jooksul kogetud piinade kordumisega. Tema ihult kooritakse nahk ära ja teda kõrvetatakse tulega korduvalt rohkem kui tuhat aastat.

Põrgu sõnumitoojad ja kõik, kes tegid teda järgides kurja,

piinavad naist. Neid karistatakse samuti nende endi kurjade tegude kohaselt ja nad elavad oma valu ja viha tema peal välja. Neid karistatakse alumises hauas niimoodi kuni tuhandeaastase rahuriigi lõpuni. Pärast kohtumõistmist lähevad need hinged tulisesse ja põleva väävliga põrgusse, kus neid ootavad vaid karmimad karistused.

4. Kristuse teine tagasitulek ja tuhandeaastane rahuriik

Nii nagu varem mainiti, naaseb Jeesus Kristus õhus ja temaga ülesvõetutel on Tema seltsis seitsmeaastane pulmapidu, samal ajal kui õhust välja aetud kurjad vaimud teostavad suurt viletsuseaega.

Siis naaseb Jeesus Kristus maa peale ja algab tuhandeaastane rahuriik. Kurjad vaimud seotakse selleks ajaks sügavikku kinni. Seitsmeaastasel pulmapeol osalenud ja suure viletsuseaja jooksul märtrisurma surnud valitsevad maad ja jagavad Jeesuse Kristuse armastust tuhande aasta jooksul.

Õnnis ja püha on see, kes saab osa esimesest ülestõusmisest; nende üle ei ole teisel surmal meelevalda, vaid nad on Jumala ja Kristuse preestrid ning valitsevad koos Temaga kuningatena tuhat aastat (Johannese ilmutus 20:6).

Tuhandeaastase rahuriigi ajal elab maa peal väike hulk suure viletsuseaja üle elanud lihalikke inimesi. Aga surnuid, kes ei pääsenud, karistatakse edasi alumises hauas.

Tuhandeaastane rahuriik

Kui tuhandeaastane rahuriik saabub, on inimestel rahulik elu, nii nagu Eedeni aia päevil, sest kurje vaime pole. Jeesus Kristus ja päästetud vaimsed inimesed elavad linnas, mis sarnaneb kuningalossile ja nad on lihalikest inimestest eraldi. Vaimsed inimesed elavad linnas ja suure viletsuseaja üle elanud lihalikud inimesed elavad linnast väljas.

Enne tuhandeaastast rahuriiki puhastab Jeesus Kristus maa. Ta puhastab saastunud õhu ja uuendab puud, taimed, mäed ja jõed. Ta loob ilusa keskkonna.

Lihalikud inimesed püüavad sünnitada nii sageli ja nii palju kordi kui nad saavad, sest neist on vaid mõned alles. Puhta õhu ja kurjade vaimude puudumise tõttu pole haigusi ega kurjust.

Lihalike inimeste ebaõiglus ja südames olev kurjus ei saa sel ajal ilmsiks, sest kurjust tekitavad kurjad vaimud on sügavikku kinni pandud.

Nii nagu Noa eelsetel päevadel, elavad inimesed mitmesaja aastaseks. Maa täitub varsti arvukate inimestega tuhandeks aastaks. Inimesed ei söö liha, vaid puuvilja, sest puudub igasugune elu häving.

Pealegi kulub kaua aega, kuniks nad saavutavad tänapäevase teaduse arengutaseme, sest suure viletsuseaja jooksul peetud sõdade käigus hävis suurem osa tsivilisatsioonist. Aja jooksul võib tsivilisatsiooni tase tänapäeva tasemele jõuda kui inimeste tarkus ja teadmised kasvavad.

Vaimsed inimesed ja lihalikud inimesed elavad koos

Jeesuse Kristusega maa peal elavatel vaimsetel inimestel ei ole lihalike inimeste moodi süüa vaja, sest selle rühma ihud on juba muutunud ülestõusnud vaimseteks ihudeks. Tavaliselt tarbivad nad lillelõhnu ja sarnast, aga soovi korral võivad nad süüa sama toitu, mis lihalikud inimesed söövad. Aga vaimsetele inimestele ei meeldi füüsiline toit ja isegi kui nad seda söövad, ei erita nad lihalike inimeste moel jääkaineid. Nii nagu ülestõusnud Jeesus hingas pärast kala söömist, laguneb vaimsete inimeste söödav toit hingamise teel õhus.

Vaimsed inimesed kuulutavad ja tunnistavad lihalikele inimestele samuti Jeesusest Kristusest, et lihalikud inimesed ei tunneks kiusatust tuhandeaastase rahuriigi lõpus, kui kurjad vaimud lastakse üürikeseks sügavikust välja. See sünnib enne kohtumõistmist, seega Jumal ei pannud kurjasid vaimusid alaliselt sügavikku kinni, vaid üksnes tuhandeks aastaks (Johannese ilmutus 20:3).

Tuhandeaastase rahuriigi lõpp

Kui tuhandeaastane rahuriik lõpeb, lastakse sügavikku kinni pandud kurjad veidikeseks vabaks. Nad hakkavad ahvatlema ja petma rahus elanud lihalikke inimesi. Valdavat osa lihalikke inimesi ahvatletakse ja eksitatakse, hoolimata sellest, kui palju vaimsed inimesed neid seda mitte tegema õpetasid. Isegi kui

Pääsemine suure viletsuseaja jooksul

vaimsed inimesed hoiatasid üksikasjalikult tulevaste asjade eest, tunnevad lihalikud inimesed ikkagi kiusatust ja kavatsevad vaimsetele inimestele vastu hakata ja sõdida.

Kui need tuhat aastat otsa saavad, lastakse saatan lahti oma vanglast ning ta läheb välja eksitama paganaid, kes on ilmamaa neljas nurgas, Googi ja Maagoogi, koguma sõtta neid, kelle arv on nagu mereliiv. Ja nad tulevad üles ilmamaa lagendikule ja piiravad ümber pühade leeri ja armastatud linna. Ja taevast langeb tuli ning sööb nad ära (Johannese ilmutus 20:7-9).

Aga Jumal hävitab sõda pidanud lihalikud inimesed ja heidab lühikeseks ajaks vabaks lastud kurjad vaimud pärast suure valge trooni kohtumõistmist sügavikku tagasi.

Lõpuks mõistetakse tuhandeaastase rahuriigi vältel arvuliselt paljunenud lihalike inimeste üle Jumala õigust mööda kohut. Ühest küljest saadetakse põrgusse kõik inimesed, kes ei võtnud pääsemist vastu – nende seas on seitsmeaastase suure viletsuseaja läbielanud. Teisest küljest, pääsemise vastuvõtnud lähevad Taevasse ja elavad Taevas oma usu kohaselt erinevates kohtades, s.t Uues Jeruusalemmas, paradiisis jne.

Pärast suure valge trooni kohtumõistmist jagatakse vaimumaailm Taevaks ja põrguks. Ma selgitan seda lähemalt järgmises peatükis.

5. Valmistudes olema Isanda ilus pruut

Suure viletsuseajal tuleb teil mahajätmise vältimiseks valmistuda, et te oleksite kui Jeesuse Kristuse ilus pruut ja võiksite Teda Ta naasmisel tervitada. Matteuse 25:1-13 on tähendamissõna kümnest neitsist, mis on kõigile usklikele suureks õppetunniks. Isegi kui te tunnistate oma usku Jumalasse, ei saa te oma peigmeest Jeesust Kristust tervitada, kui te lampi ei ole varutud piisavalt õli. Viis tarka neitsit varusid omale õli, seega nad said peigmeest tervitada ja pulmapeole minna. Ülejäänud viis neitsit ei varunud õli ja ei saanud pulmapeole.

Kuidas me siis saame viie targa neitsi kombel end ette valmistada ja saada Isanda mõrsjaks ning vältida suure viletsuseaja kätte jäämist ja selle asemel pulmapeol osaleda?

Palvetage tuliselt ja püsige valvel

Ka siis kui te olete vastpöördunu ja teil on nõrk usk, hoiab Jumal teid ka tulistes katsumustes turvaliselt kuniks te annate oma südame ümberlõikamisel endast parima. Hoolimata sellest, kui rasketes oludes te olete, mähib Jumal teid eluvaipa ja laseb teil igasugused katsumused kergelt võita.

Aga Jumal ei saa kaitsta isegi neid, kes võisid olla kaua aega usklikud ja kes on Jumala ülesannet täitnud ning tunnevad suurel määral Jumala Sõna, kui nad lakkavad palvetamast ja ei ihale enam puhastust ning lõpetavad oma südame ümberlõikamise.

Kui te olete raskustes, peate te suutma Püha Vaimu häält

eristada, et raskused võita. Aga kui te ei palveta, siis kuidas võiksite te Püha Vaimu häält kuulda ja võiduelu elada? Kui te pole täiesti Püha Vaimuga täitunud, usaldate te üha oma mõtteid ja komistate pidevalt saatana kiusamise tõttu.

Lisaks, nüüd kui me läheneme ajastu lõpule, luusivad kurjad vaimud nagu möirgavad lõukoerad ringi ja otsivad, keda neelata, sest nad teavad, et ka nende lõpp on lähedal. Sageli me näeme, kuidas laisad õpilased tuubivad eksamieelsetel päevadel ja ei maga. Samuti, kui te olete usklik, kes on teadlik, et me elame lõpuaja päevil, peate te püsima ärksana ja valmistama end Isanda ilusaks mõrsjaks.

Jätke kurjus ja olge Isanda sarnased

Millised inimesed püsivad ärkvel? Nad palvetavad lakkamata ja on alati täis Püha Vaimu, nad usuvad Jumala Sõna ja elavad Ta Sõna kohaselt.

Kui te olete pidevalt ärkvel, suhtlete te alati Jumalaga, seega kurjad vaimud ei saa teid kiusata. Lisaks võite te igasugused katsumused lihtsalt võita, sest Püha Vaim teeb teid teadlikuks tulevastest asjadest, Ta juhatab teie teed ja laseb teil tõesõna mõista.

Kuid need, kes ei püsi ärkvel, ei saa Püha Vaimu häält kuulata, seega saab saatan neid kergesti kiusata ja nad lähevad surma teed. Ärkvel püsimine tähendab südame ümberlõikamist, Jumala Sõna kohast käitumist ja elamist ja pühitsetuks saamist.

Johannese ilmutuses 22:14 öeldakse: *"Õndsad on need, kes oma rüüd pesevad, et neil oleks meelevald süüa elupuust ning nad võiksid minna väravaist linna sisse!"* Selles lõigus tähistab „rüü" ametlikku rõivastust. Vaimselt tähistab „rüü" südant ja käitumist. „Rüü pesemine" sümboliseerib kurjast vabakssaamist ja Jumala Sõna järgimist vaimseks saamisel ja üha enam Jeesuse Kristuse sarnaseks saamisel. Niimoodi pühitsetud teenivad õiguse taevaväravatest sisse minna ja igavest elu elada.

Inimesed, kes oma rüüd usus pesevad

Kuidas me võime oma rüüd põhjalikult puhtaks pesta? Esiteks peate te tõesõna ja tulise palvetamise teel oma südame ümber lõikama. Teiste sõnadega, te peate oma südames igasugusest valest ja kurjast vabanema ja südant vaid tõega täitma. Just nii nagu riietelt pestakse puhta veega mustus maha, peaksite teiegi oma südamest Jumala Sõna kaudu ära pesema oma mustad patud, seadusetuse ja kurja ja rõivastuma tõerüüga ning sarnanema Jeesuse Kristuse südamele. Jumal õnnistab igaühte, kes näitab oma tegudega usku ja on oma südame poolest ümberlõigatud.

Johannese ilmutuses 3:5 öeldakse: *„Kes võidab, see riietatakse samamoodi valgete rõivastega. Mina ei kustuta tema nime eluraamatust ning ma tunnistan tema nime oma Isa ees ja Isa inglite ees."* Inimesed, kes võidavad maailma usu läbi ja käivad tões, elavad igavesti Taevas, sest neil on tõene süda ja neis pole mingit kurjust.

Selle asemel ei ole pimeduses elavatel inimestel Jumalaga midagi ühist, hoolimata sellest kui kaua nad kristlased võisid olla, sest nad on kindlalt nime poolest elavad, ometi nad on surnud (Johannese ilmutus 3:1). Seega, olgu te lootus alati üksnes Jumalas, kes ei mõista meie üle kohut meie välimuse alusel, vaid uurib üksnes meie südant ja tegusid. Samuti palvetage alati ja kuuletuge Jumala Sõnale, et te võiksite täielikult pääseda.

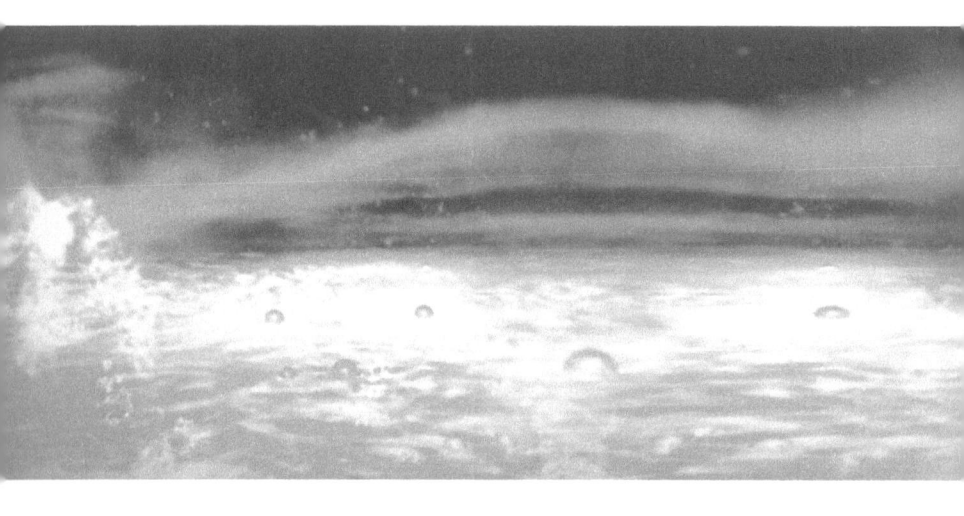

8. Peatükk

Karistused põrgus pärast suurt kohtumõistmist

1. Päästmata hinged lähevad pärast kohtumõistmist põrgusse
2. Tulejärv ja põlev väävlijärv
3. Mõned jäävad alumisse hauda ka pärast kohtumõistmist
4. Kurjad vaimud pannakse sügavikku kinni
5. Kus lõpetavad deemonid?

*„[Põrgus], kus nende uss
ei sure ja tuli ei kustu.
Sest kõiki soolatakse tulega."*
- Markuse 9:48-49 -

*„Ja kurat, nende eksitaja,
visatakse tule- ja väävlijärve,
kus on ka metsaline ja valeprohvet;
ning neid piinatakse päevad
ja ööd igavesest ajast igavesti."*
- Johannese ilmutus 20:10 -

Karistused põrgus pärast suurt kohtumõistmist

Kristuse naasmisega algab maa peal tuhandeaastane rahuriik ja pärast seda tuleb suure valge trooni kohus. Kohtus – mis määrab, kas keegi läheb Taevasse või põrgusse ja autasud või karistused – langetatakse otsus igaühe selles elus tehtud tegude põhjal. Seega, mõned kogevad igavest õnne Taevas ja teisi karistatakse igavesti põrgus. Vaatame lähemalt suure valge trooni kohut, mille ajal otsustatakse, kes keegi läheb Taevasse või põrgusse ja missugune koht on põrgu.

1. Päästmata hinged lähevad pärast kohtumõistmist põrgusse

1982. aasta juulikuus, kui ma oma teenistuse alguses ettevalmistuseks palvetasin, sain ma üksikasjalikult teada suure valge trooni kohtust. Jumal näitas mulle pilti, kus Ta istus oma troonil, trooni ees seisid Isand Jeesus Kristus ja Mooses ja need, kes etendasid kohtunikekogu rolli. Isegi kui Jumal mõistab kohut täpselt ja õiglaselt, mida ei anna ühegi selle maailma kohtunikuga võrrelda, langetab Ta kohtuotsused armastuse advokaadi Jeesuse Kristusega, Moosesega, kes on käsuseaduse süüdistaja ja inimestega, kes on vandekohtu liikmed.

Kohus otsustab põrgu karistused

Johannese ilmutuses 20:11-15 räägitakse, kuidas Jumal mõistab kohut täpselt ja õiglaselt. Kohut teostatakse Eluraamatuga, kuhu on kirja pandud päästetute nimed ja raamatute alusel, kus on kirjas inimeste iga tegu.

> *Ma nägin suurt valget trooni ning seda, kes sellel istub, kelle palge eest põgenesid maa ja taevas, ning neile ei leidunud aset. Ja ma nägin surnuid, suuri ja pisikesi, seisvat trooni ees, ning raamatud avati. Teine raamat avati, see on eluraamat. Ja surnute üle mõisteti kohut sedamööda, kuidas raamatuisse oli kirjutatud, nende tegude järgi. Ja meri andis tagasi oma surnud ning surm ja surmavald andsid tagasi oma surnud ning igaühe üle mõisteti kohut tema tegude järgi. Ja surm ja surmavald visati tulejärve. See on teine surm – tulejärv. Keda iganes ei leitud olevat eluraamatusse kirjutatud, see visati tulejärve!*

„Surnud" tähistab siin kõiki neid, kes ei ole Kristust oma Päästjaks vastu võtnud või kelle usk on surnud. Kui Jumala valikuaeg läheneb, äratatakse „surnud" üles ja nad seisavad kohtumõistmiseks Jumala trooni ette. Jumala trooni ees avatakse eluraamat.

Peale eluraamatu, kuhu on kirja pandud kõigi päästetute nimed, on muud raamatud, kus on kirjas iga surnute tegu. Inglid panevad kirja kõik, mida me teeme, ütleme ja mõtleme, nt teiste needmise, kellegi löömise, raevuhood, heateod ja nii edasi. Nii nagu teie suudate videokaamera või erituüpi salvestajatega kauaks ajaks teatud sündmused ja dialoogid elavalt talletada, säilitab ka Kõigeväeline Jumal inimese maapealse elu iga vaatepildi.

Karistused põrgus pärast suurt kohtumõistmist

Seega, Jumal mõistab kohtupäeval nendesse raamatutesse kirjapandu kohaselt õiglast kohut. Päästmata inimeste üle mõistetakse kohut nende kurjade tegude alusel ja neile määratakse põrgus igaveseks nende pattude raskusastmele vastavad eri karistused.

Tulejärv või põlev väävlijärv

Fraas „meri andis tagasi oma surnud" ei tähenda, et meri andis uppunud tagasi. „Meri" tähistab siin vaimselt maailma. See tähendab, et need, kes maailmas elasid ja põrmuks said, ärkavad ellu, et nende üle Jumala ees kohut mõistetaks.

Mida tähendavad siis sõnad: „Surm ja surmavald andsid tagasi oma surnud?" See tähendab, et alumises hauas ehk surmavallas kannatanud äratatakse samuti ellu ja nad seisavad kohtumõistmiseks Jumala ette. Pärast seda kui Jumal on nende üle kohut mõistnud, visatakse paljud alumises hauas kannatanud nende pattude tõsidust mööda kas tulejärve või põlevasse väävlijärve, sest nii nagu eelnevalt mainiti, kestavad alumise haua karistused kuni suure valge trooni kohtuni.

Aga argade ja uskmatute ja jäledate ja mõrtsukate ja hoorajate ja nõidade ja ebajumalate ja kõigi valetajate osa on tule ja väävliga põlevas järves, see on teine surm (Johannese ilmutus 21:8).

Tulejärve karistust ei ole võimalik alumise haua karistustega võrrelda. Seda kirjeldatakse Markuse 9:47-49: *„Ja kui su silm sind* *ajab patustama, kisu ta välja. Sul on parem minna ühe silmaga Jumala riiki kui kahe silmaga olla visatud põrgusse, kus nende uss ei sure ja tuli ei kustu. Sest kõiki soolatakse tulega."* Pealegi on põlev väävlijärv tulejärvest seitse korda kuumem.

Putukad rebivad inimesi kohtuni ja elajad ning põrgu sõnumitoojad piinavad neid või nad kannatavad põrgueelseks ootekohaks olevas alumises hauas eriliiki karistuste tõttu. Pärast kohtumõistmist jääb vaid tulejärve ja põleva väävli tekitatud valu.

Agoonia tulejärves või põlevas väävlijärves

Kui ma andsin edasi sõnumid nendest hirmsatest vaatepiltidest alumises hauas, ei suutnud paljud mu koguduseliikmed tagasi hoida pisaraid või judinaid ja kaeblemist nende pärast, kes on selles armetus kohas. Aga tulejärve või põleva väävlijärve karistustest tingitud kannatused on palju rängemad kui ükskõik missugune alumise haua karistus. Kas te suudate veidigi ette kujutada, kui suur on see piin? Isegi kui me seda teha püüame, on meie – lihas olijate jaoks, vaimsete mõistete mõistmiseks piir ees.

Samamoodi, kuidas oleks meil võimalik mõista täielikult Taeva au ja ilu? Sõna „igavik" ei ole midagi meie jaoks tuttavat ja me oleme sunnitud pelgalt oletusi tegema. Isegi kui me püüame taevast elu ette kujutada mõistete „rõõm," „õnn," „lummus," „ilu" ja sarnase alusel, ei ole see võrreldav tegeliku eluga, mida me ühel päeval Taevas elame. Kui te tegelikult Taevasse lähete ja näete kõike oma silmaga ja kogete elu, vajub teie suu lahti ja see teeb teid tummaks. Samamoodi ei saa me kunagi täielikult mõista selle maailma piire ületavate kannatuste suurust ja hulka, kui me tegelikult ei koge põrgu piina.

Need, kes lähevad tulejärve või põlevasse väävlijärve

Isegi kui ma püüan endast parimat anda, palun pidage meeles, et põrgu ei ole koht, mida oleks võimalik piisavalt selle maailma sõnadega kirjeldada ja isegi kui ma selgitan oma parimate võimete raames, on mu kirjeldus vähem kui miljondik põrgu võikast reaalsusest. Pealegi, kui hukkamõistetud hingedele meenub, et piina pikkusel ei ole piiri, vaid see kestab igavesti, on nad sunnitud veel enam kannatama.

Pärast suure valge trooni kohtumõistmist visatakse need, kes said alumises hauas esimese ja teise taseme karistuse, tulejärve. Need, kes said kolmanda ja neljanda taseme karistused, visatakse põlevasse väävlijärve. Praegu alumises hauas viibivad hinged teavad, et kohus seisab veel ees ja nad teavad, kuhu nad lähevad pärast kohtumõistmist. Isegi kui putukad ja põrgu sõnumitoojad rebivad neid tükkideks, võivad need hinged põrgus tulejärve ja põlevat väävlijärve kaugelt näha ja nad teavad hästi, et neid karistatakse seal.

Seega ei kannata alumises hauas asuvad hinged üksnes olemasoleva valu tõttu, vaid tunnevad ka vaimset piina pärast kohtumõistmist tulevate asjade kartuse tõttu.

Hinge hädahüüe alumises hauas

Kui ma palusin põrgu kohta ilmutust, lasi Jumal mul Püha

Vaimu kaudu kuulda ühe hinge kaeblemist alumises hauas. Ma panen iga kaebesõna kirja, et te võiksite tunda kasvõi veidi seda hinge matvat hirmu ja meeleheidet.

   Kuidas võib see olla inimolendi kuju?
   Ma ei näinud niimoodi välja oma maapealse elu ajal.
   Mu välimus on siin kohutav ja vastik!

   Kuidas saan ma vabaks
   sellest lõputust valust ja ahastusest?
   Mida ma saan teha, et selle eest pageda?
   Kas ma saan surra? Mida ma saan teha?
   Kas ma saan puhkust kasvõi natukeseks
   selle igavese karistuse ajal?
   Kas on mingit teed, et lühendada toda neetud elu
   sellest talumatust valust?

   Ma haavan oma ihu, et end tappa, kuid ma ei sure.
   Lõppu pole...lõppu lihtsalt pole...
   Minu hingepiin on lõpmatu.
   Mu elu tuleb lõpmatult taluda.
   Kuidas ma võin seda sõnadesse panna?
   Varsti visatakse mind
   laia põhjatusse tulejärve.
   Kuidas toda taluda?
   Siinne piin on talumatu!
   Kuna maruline tulejärv on
   nii hirmus, nii sügav ja nii kuum.

Karistused põrgus pärast suurt kohtumõistmist

Kuidas seda taluda?
Kuidas sellest pääseda?
Kuidas ma võiksin sellest piinast pääseda?

Kui ma vaid võiksin elada...
Kui mu jaoks oleks vaid võimalus elada...
Kui ma vaid võiksin olla sest vaba...
Ma võiksin otsida vähemalt väljapääsuteed,
aga ma ei näe seda.
Siin on üksnes pimedus, meeleheide ja valu
ja minu jaoks on üksnes pettumus ja raskused.
Kuidas seda piina taluda?
Kui Ta vaid avaks elu ukse...
Kui ma vaid näeksin sest väljapääsuteed...

Palun päästke mind. Palun päästke mind.
Selle talumine on liiga hirmus ja raske mu jaoks.
Palun päästke mind. Palun päästke mind.
Mu päevad on siiani olnud valusad ja kurvad.
Kuidas ma lähen sellesse tulejärve?
Palun päästke mind!
Palun vaadake mind!
Palun päästke mind!
Palun halastage mulle!
Palun päästke mind!
Palun päästke mind!

Kui teid saadetakse alumisse hauda

Pärast maapealse elu lõppu ei anta kellelegi „teist võimalust." Teid ootab ees üksnes iga teie tehtud teo eest koorma kandmine.

Kui inimesed kuulevad Taeva ja põrgu olemasolu kohta, ütlevad mõned: „Ma saan seda pärast surma teada." Aga kui te olete surnud, on liiga hilja. Sest kui kord surra, ei saa naasta, te peate seda teadma kindlasti enne surma.

Kui teid on alumisse hauda heidetud, siis pole vahet kui palju te kahetsete, meelt parandate ja Jumalat anute, te ei saa vältida vältimatuid ja õudsaid karistusi. Teil puudub tulevikulootus ja selle asemel on vaid lõpmatu piin ja ahastus.

Hing, kes kaebleb ülevaltoodu kohaselt, teab liigagi hästi, et pääsemiseks pole mingit teed ega võimalust. Sellest hoolimata karjub hing „igaks juhuks" Jumala poole. Hing anub halastust ja pääsemist. Hinge hüüe muutub läbilõikavaks vingumiseks ja see kilje liigub põrgu laotuses üksnes tuhinal ringi ja kaob siis. Muidugi ei leia see vastust.

Kuid alumise haua inimeste meeleparandus ei ole siiras ja tõsimeelne, isegi kui nad pealtnäha väga liigutavalt meelt parandavad. Kuna nende südamesse jääb ikkagi kurjus ja nad teavad, et nende kriisked on kasutud, lähtub neist hingedest veelgi rohkem kurja ja Jumala needmist. See näitab meile selgesti, miks niisugused inimesed ei saanud esiteks Taevasse minna.

2. Tulejärv ja põlev väävlijärv

Alumises hauas saavad hinged vähemalt anuda, etteheiteid teha ja kurta, küsides endalt: „Miks ma olen siin?" Nad kardavad ka tulejärve ja mõtlevad välja viise, kuidas piina eest pageda, mõteldes: „Kuidas ma saan nüüd selle põrgu sõnumitooja eest pageda?"

Aga kord juba tulejärve heidetuna ei saa nad piinava lõpmatu valu tõttu millestki muust mõtelda. Alumise haua karistused olid tulejärve karistustega võrreldes võrdlemisi kerged. Tulejärve karistused on kirjeldamatult valusad. See on nii valus, et me ei suuda seda oma piiratud võimetega mõista ega ette kujutada.

Kui te tahate isegi veidi seda piina ette kujutada, pange kuumale praepannile soola. Te näete, kuidas sool paugub ja see sarnaneb tulejärve vaatepildile: hinged sarnanevad paukuvale soolale.

Samuti kujutage ette, et te olete 100°C temperatuuril keeva vee lombis. Tulejärv on keevast veest palju kuumem ja põleva väävli järv on tulejärvest seitse korda palavam. Kui teid sinna visatakse, ei ole teil pääsemisteed ja te kannatate igavesest ajast igavesti. Alumise haua esimese, teise, kolmanda ja neljanda taseme karistusi on enne kohtupäeva palju lihtsam taluda.

Miks siis Jumal laseb neil alumises hauas tuhat aastat kannatada, enne nende tulejärve või põlevasse väävlijärve heitmist? Päästmata inimesed peegeldavad endid. Jumal tahab, et nad saavad aru, mis põhjusel nad lõpetasid põrgusuguses armetus paigas ja et nad parandaksid oma minevikus tehtud pattudest põhjalikult meelt. Kuid meelt parandavaid inimesi on äärmiselt raske leida ja neist lähtub pigem rohkem kurja kui kunagi varem. Nüüd me teame, miks Jumal tegi põrgu.

Tulejärves tulega soolamine

Kui ma palvetasin 1982. aastal, näitas Jumal mulle suure valge kohtu pilti ja ma nägin vilksamisi tulejärve ja põlevat väävlijärve. Need kaks järve olid tohutusuured.

Kaugelt paistsid kaks järve ja neis olevad hinged nagu kuumaveeallikates olevad inimesed. Mõned inimesed olid rinnuni sees, aga teised kaelani ja vaid nende pead olid näha.

Markuse 9:48-49 rääkis Jeesus, et põrgu on koht, *„kus nende uss ei sure ja tuli ei kustu. Sest kõiki soolatakse tulega."* Kas te kujutate ette valu, mis valitseb niisuguses koledas keskkonnas? Kui hinged püüavad pageda, suudavad nad vaid hüpata nagu praksuv sool ja hambaid krigistada.

Vahel hüppavad selle maailma inimesed üles-alla hilja öösel klubides mängides või tantsides. Natukese aja pärast nad väsivad ja puhkavad soovi korral. Põrgus aga ei hüppa hinged rõõmust, vaid äärmisest valust ja muidugi ei saa nad soovi korral puhata. Nad kiljuvad valust nii valjusti, et nad lähevad peast segi ja nende kõrvalevaatavad silmad lähevad tumesiniseks ja valguvad võikalt verd täis. Lisaks lõhkeb nende aju ja vedelik voolab pursates välja.

Hinged ei saa välja, hoolimata sellest, kui meeleheitlikult nad seda teha püüavad. Nad püüavad üksteist minema lükata ja tallavad üksteise peal, aga see on kasutu. Igas tollis tulejärvest,

Karistused põrgus pärast suurt kohtumõistmist

mille lõppu ühest äärest ei ole näha, püsib sama temperatuur ja järve temperatuur ei vähene ajaga. Alumist hauda valitseb Lutsifer kuni suure valge kohtuni ja kõik karistused määratakse Lutsiferi väe ja meelevallaga.

Aga pärast kohut määrab karistused Jumal ja need teostuvad Tema ettenägelikkuse ja väe kohaselt. Seega võib kogu tulejärve temperatuur alati samal tasemel püsida.

See tuli paneb hinged kannatama, kuid ei tapa neid. Nii nagu alumises hauas olevate hingede ihuliikmed taastuvad kas pärast äralõikamist või tükkideks rebimist, taastuvad põrgus olevate hingede ihud kiiresti pärast kõrvetamist.

Kogu ihu ja selle siseorganid kõrbevad

Kuidas karistatakse hingesid tulejärves? Kas te olete kunagi vaadanud koomiksite, joonisfilmide või televisiooni multifilmide seeriaid, kus tegelane saab „kõrgepinge" elektrilöögi? Sel hetkel kui talle antakse surmav elektrilöök, muutub ta ihu keha ümbritsevaks tumedate kontuuridega luukereks. Kui ta elektrivoolu alt vabaneb, paistab ta normaalne. Või kujutage röntgenipilte, mis näitavad inimihu siseorganeid.

Samamoodi näidatakse tulejärves olevaid hingesid ühel hetkel nende füüsilisel kujul. Järgmisel hetkel ei ole nende ihu näha ja nähtav on vaid nende vaim. See nähtus kordub. Hingede ihud põlevad hetkega kõrvetavas tules ja kaovad ning taastuvad varsti.

Kui selles maailmas kolmanda järgu põletus saadakse, ei pruugi inimene kogu ihu valdavat lämbumistunnet taluda ja hullub. Mitte keegi ei suuda mõista selle valu suurust ilma seda ise kogemata. Te ei pruugi olla võimeline toda valu taluma, isegi kui vaid teie käsivarred on põletada saanud.

Üldiselt lämbumistunne ei lakka põletuse järgselt, vaid püsib mitu päeva. Tule kuumus tungib ihusse ja vigastab rakke, vahel isegi südant. Kui palju valusam on siis kõigi ihuliikmete ja siseorganite kõrvetamine vaid selleks, et nad taastuksid ja saaksid taas põletada?

Tulejärves olevad hinged ei suuda seda valu taluda, aga nad ei saa minestada, surra ega hetkekski puhata.

Põlev väävlijärv

Tulejärv on karistuskoht neile, kes tegid suhteliselt kergemaid patte ja keda karistati alumises hauas esimese ja teise taseme karistustega. Need, kes tegid raskemaid patte ja keda karistati alumises hauas kolmanda ja neljanda taseme karistustega, lähevad põlevasse väävlijärve, mis on tulejärvest seitse korda tulisem. Nii nagu eelnevalt mainitud, on põlev väävlijärv järgmistele inimestele: Püha Vaimu vastu rääkijatele, Talle vastupanijatele ja Ta pilkajatele; Jeesuse Kristuse taas risti lööjatele; Ta reetjatele; tahtlikult edasipatustajatele; äärmuslikele ebajumalakummardajatele; neile, kes tegid pattu pärast seda kui nende südamemetunnistus sai otsekui tulise rauaga põletatud; kõigile Jumalale kurjade tegudega vastupanijaile, valeprohvetitele ja valeõpetajatele.

Kogu tulejärv on täis „punast" tuld. Põlev väävlijärv on täidetud rohkem „kollase" kui „punase" tulega ja keeb alati siin ja seal olevate pudelkõrvitsa suuruste mullidega. Selles järves olevad hinged on täielikult põleva väävli keevas vedelikus.

Valust vallatud

Kuidas võib selgitada kirjeldamatut valu tekitavast tulejärvest seitse korda kuumema põleva väävlijärve valu? Ma kasutan selgituseks selle maailma asjade analoogiat. Kui keegi jooks sulatusahjus sulatatud rauast vedelikku, kui valus see olla võib? Tema siseelundid põlevad kui kuumus, mis on piisavalt kuum, et sulatada isegi tahke raud vedelaks, läheb ta kõrist makku. Tulejärves võivad hinged vähemalt hüpata või valust karjuda. Aga põlevas väävlijärves ei saa hinged oiata ega mõtelda, vaid nad on üksnes valust rusutud. Põlevas väävlijärves talumisele kuuluva piina ja agoonia määra ei ole võimalik mingite žestide ega sõnadega kirjeldada. Pealegi peavad hinged pidevalt kannatama. Kuidas oleks siis võimalik niisugust piina sõnadega kirjeldada?

3. Mõned jäävad alumisse hauda ka pärast kohtumõistmist

Vana Testamendi ajal päästetud olid ülemises hauas kuni Jeesuse Kristuse ülestõusmiseni ja läksid pärast Ta ülestõusmist paradiisi ning ootavad paradiisi ootekohas Ta tagasitulekut õhus. Teisest küljest, Uue Testamendi ajal päästetud inimesed kohanduvad ülemises hauas kolm päeva ja lähevad paradiisi ootekohta ning ootavad seal kuni Jeesuse Kristuse teise tulekuni õhus. Aga emaüsas surnud sündimata lapsed ei lähe pärast Jeesuse Kristuse ülestõusmist ega pärast kohtumõistmist paradiisi. Nad jäävad igaveseks ülemisse hauda.

Samuti leidub erandeid ka nende seas, kes kannatavad praegu alumises hauas. Neid hingi ei visata tulejärve ega põlevasse väävlijärve ka pärast kohtumõistmist. Kes nad on?

Enne teismeliseiga surnud lapsed

Päästmata laste hulgas on kuuendast kuust kuni hilisema rasedusjärguni aborditud looted ja enne puberteediiga surnud lapsed, kes on umbes kaheteistkümne aastased. Neid hingesid ei visata tulejärve ega põlevasse väävlijärve, sest isegi kui nad sattusid alumisse hauda oma kurjuse tõttu, ei ole nad piisavalt täiskasvanud, et sõltumatut tahet omada. See tähendab, et nende usuelu ei pruukinud ilmtingimata olla valitud kursil, sest nad võisid olla lihtsalt mõjutatavad välistest teguritest nagu nende vanemad, eellased ja keskkond.

Armastuse ja õigluse Jumal arvestab nende näitajatega ja ei viska neid tulejärve ega põlevasse väävlijärve ka pärast kohtumõistmist. Aga see ei tähenda, et nende karistused väheneksid või kaoksid. Neid karistatakse igavesti, nii nagu neid karistati alumises hauas.

Kuna patu palk on surm

Kõik alumises hauas viibivad inimesed, välja arvatud mainitud juhtum, visatakse tulejärve või põlevasse väävlijärve vastavalt nende maa peal sooritatud pattudele. Roomlastele 6:23 öeldakse: *"Sest patu palk on surm, aga Jumala armuand on igavene elu Kristuses Jeesuses, meie Jumalas."* Siin ei tähista „surm" maapealse elu lõppu, vaid igavest karistust kas tulejärves või põlevas väävlijärves. Igavese karistuse hirmus ja traumaatiline piin on patu palk ja seega on teada, et patt on hirmuäratav, ilge ja jälk.

Kui inimesed teaksid isegi veidi põrgu igavese viletsuse kohta, tunneksid nad kindlasti põrgusse mineku ees hirmu. Siis võtaksid nad Jeesuse Kristuse kindlasti vastu ja kuuletuksid ja elaksid Jumala Sõna järgi?

Jeesus ütles Markuse 9:45-47 järgmist:

Ja kui su jalg sind ajab patustama, raiu ta ära! Sul on parem minna jalutuna ellu kui kahe jalaga olla visatud põrgusse [kus nende uss ei sure ja tuli ei kustu]. Ja kui su silm sind ajab patustama, kisu ta välja. Sul on parem minna ühe silmaga Jumala riiki kui kahe silmaga olla visatud põrgusse.

Kui te teete pattu, käies kohtades, kus te käima ei peaks, siis põrgusse mineku asemel on parem, et teie jalad ära lõigataks. Kui te patustate, tehes oma kätega asju, mida te tegema ei peaks, siis on põrgusse mineku asemel parem, et teie käed ära lõigataks. Samuti on teie jaoks parem kui teie silm peast välja torgataks, kui te teete pattu, vaadates asju, mida te vaatama ei peaks.

Kuid meile vabalt antud Jumala armu läbi me ei pea Taevasse

minekuks oma käsi ega jalgu ära lõikama ega silmi peast välja torkama, sest meie ees löödi risti patuta veatu Tall, Isand Jeesus Kristus, kelle käed ja jalad naelutati risti külge ja kes kandis okaskrooni.

Jumala Poeg tuli kuradi tegusid hävitama

Seega, kes iganes usub Jeesuse Kristuse verd, on andeks saanud ja vaba tulejärve või põleva väävlijärve karistusest ja saab tasuks igavese elu.

1. Johannese 3:7-9 öeldakse: *„Lapsed, ärgu keegi eksitagu teid! Kes teeb õigust, on õige, nii nagu Tema on õige. Kes teeb pattu, on kuradist, sest kurat teeb pattu algusest peale. Selleks ongi Jumala Poeg saanud avalikuks, et Ta tühistaks kuradi teod. Ükski, kes on sündinud Jumalast, ei tee pattu, sest Jumala seeme püsib temas ja ta ei saa teha pattu, sest ta on sündinud Jumalast.“*

Patt on rohkem kui tegu, nagu näiteks varastamine, tapmine või tüssamine. Inimsüdames olev kurjus on tõsisem patt. Jumal jälestab meie südames olevat pattu. Ta vihkab kurja südant, mis teiste üle kohut mõistab ja neid hukka mõistab ja salakavalat ja reetlikku kurja südant. Missugune on Taevas kui niisugustel inimestel lubataks sinna minna ja seal elada? Siis vaidleksid inimesed ka Taevas hea ja kurja üle, seega Jumal ei lase kurjadel inimestel Taevasse minna.

Seega, kui teist saab Jumala laps, kellel on Jeesuse Kristuse vere vägi, ei või te järgida enam väärust ega orjana kuradit teenida, vaid te peaksite elama valguse enese – Jumala lapsena

Tões. Ainult siis võite te saada kogu Taevase au osaliseks ja olla õnnistatud, kogedes Jumala lapse meelevalda ja ka selles maailmas edukalt elada.

Te ei tohi pattu teha, kui te tunnistate oma usku

Jumal armastab meid nii palju, et Ta saatis oma armastatud, süütu ainusündinud Poja, kes ristil meie eest suri. Kas te suudate siis ette kujutada kui palju Jumal leinab ja on endast väljas, kui Ta näeb neid, kes väidavad end olevat „Jumala lapsed," kuradi mõjualustena pattu tegemas ja väga kiiresti põrgu suunas liikumas?

Ma palun, et te ei teeks pattu, vaid kuuletuksite Jumala käskudele ja tõestaksite, et te olete Jumala kallis laps. Kui te seda teete, saavad kõik teie palved palju kiiremini vastuse ja te saate Jumala tõeliseks lapseks ning lõpuks lähete te aulisesse Uude Jeruusalemma, kus te elama hakkate. Te saate ka väe ja meelevalla pimeduse välja ajamiseks neist, kes ei tunne veel tõde ja teevad ikka veel pattu ning keda kurat on orjastamas. Teil on vägi nende Jumala juurde toomiseks.

Olge teiegi Jumala tõeline laps, kes saab vastused kõigile palvetele ja palumistele, kes austab Teda ja vabastab arvukad inimesed põrguteelt, et te võiksite saada Jumala au ja särada nagu päike Taevas.

4. Kurjad vaimud pannakse sügavikku kinni

Webster's New World College Dictionary alusel on termini „sügavik" määratlus järgmine: „põhjatu sügavik," „kuristik" või „miski, mis on mõõtmiseks liiga sügav." Piibellikus mõttes on sügavik põrgu sügavaim ja madalaim osa. See on valmistatud üksnes kurjadele vaimudele, mis ei mängi osa inimese kasvatamisel.

Ma nägin Taevast alla tulevat ingli, kellel oli sügaviku võti ja suured ahelad käes. Ja ta võttis kinni lohe, selle muistse mao, kes on kurat ja saatan, ning aheldas ta tuhandeks aastaks ning viskas ta sügavikku ja sulges ta luku taha ning pani pealt pitseriga kinni, et ta enam ei eksitaks rahvaid, kuni need tuhat aastat saavad täis. Pärast seda peab teda natukeseks ajaks lahti lastama (Johannese ilmutus 20:1-3).

See kirjeldab seitsmeaastase suure viletsuseaja lõpupoolset aega. Pärast Jeesuse Kristuse tagasitulekut valitsevad kurjad vaimud maailma seitse aastat ja sel ajal vallanduvad kogu maailmas III maailmasõda ja muud õnnetused. Pärast suurt viletsuseaega tuleb tuhandeaastane rahuriik, mille jooksul kurjad vaimud vangistatakse sügavikku. Tuhandeaastase rahuriigi lõpul vabastatakse kurjad vaimud lühiajaliselt ja kui suure valge trooni kohus on täielikult toimunud, lukustatakse nad taas sügavikku ja sel korral alatiseks. Lutsifer ja ta sulased valitsevad pimeduse maailma, aga pärast kohtumõistmist valitsetakse Taevast ja põrgut üksnes Jumala väega.

Kurjad vaimud on ainult inimese kasvatamise tööriistad

Mismoodi karistatakse sügavikus kurjasid vaimusid, kes kaotavad kogu väe ja meelevalla?

Enne edasi liikumist pidage meeles, et kurjad vaimud etendavad üksnes inimese kasvatamise tööriista rolli ja on sellepärast olemas. Miks siis kasvatab Jumal inimolendeid maa peal, kuigi Taevas on arvukad taevased väed ja inglid? See on nii, kuna Jumal tahab tõelisi lapsi, kellega oma armastust jagada.

Lubage mul tuua näide. Korea ajaloo jooksul oli ülikute majapidamises tavaliselt palju teenijaid. Teenijad kuuletusid peremeeste kõigile käskudele. Peremehel olid pillajad pojad ja tütred, kes ei kuuletunud talle, vaid tegid üksnes endile meelepärast. Kas see tähendab, et peremees armastas oma kuulekaid teenreid rohkem kui pillajatest lapsi? Paratamatult armastas ta oma lapsi, isegi kui nad polnud kõige kuulekamad.

Sama on Jumalaga. Ta armastab oma kuju järele tehtud inimolendeid, hoolimata sellest kui palju kuulekaid taevavägesid ja ingleid Tal ka poleks. Taevaväed ja inglid sarnanevad rohkem robotitega, kes täidavad vaid käske. Seega nad ei ole võimelised Jumalaga tõelist armastust jagama.

Muidugi see ei tähenda, otsekui inglid ja robotid oleksid igast küljest samad. Ühest küljest teevad robotid vaid käsu kohaselt, neil pole vaba tahet ja nad ei suuda mitte midagi tunda. Teisest küljest tunnevad inglid inimolendite sarnaselt rõõmu ja kurbust.

Inglitel ei ole teiega sarnaseid tundeid rõõmu ja kurbuse

kogemisel, aga nad teavad vaid, mida te tunnete. Seega kui te kiidate Jumalat, kiidavad inglid Teda teiega. Kui te tantsite Jumala austamiseks, tantsivad ka nemad ja mängivad isegi muusikariistadel koos teiega. See tunnusjoon eristab neid robotitest. Aga inglid ja robotid on „sarnased," kuna mõlematel puudub vaba tahe, nad täidavad vaid käske ning on tehtud ja neid kasutatakse vaid vahendite või tööriistadena.

Inglite sarnaselt on kurjad vaimud vaid inimarengu jaoks kasutatavad tööriistad. Nad on nagu masinad, mis ei tee vahet heal ja kurjal ning on valmistatud teatud otstarbeks ning mida kasutatakse kurja jaoks.

Sügavikku kinni pandud kurjad vaimud

Vaimumaailma seadus kirjutab ette, et „patu palk on surm" ja „inimene lõikab seda, mida ta külvab." Pärast suurt kohtumõistmist kannatavad alumises hauas olevad hinged selle seaduse alusel kas tulejärves või põlevas väävlijärves, kuna nad langetasid maapealse kasvamise ajal oma vaba tahte ja tunnetega kurjuse kasuks otsuse.

Kurjad vaimud, välja arvatud deemonid, ei ole inimarengu jaoks olulised. Seega on kurjad vaimud ka pärast kohtumõistmist pimedas külmas sügavikus kinni ja maha jäetud nagu prügihunnik. See on nende jaoks kõige sobivam karistus.

Jumala troon asub Taeva keskel ja ülaosas. Ümberpöördult, kurjad vaimud on kinni pandud sügavikku, mis on põrgu sügavaim ja pimedaim paik. Nad ei saa pimedas külmas sügavikus lahedalt ringi liikuda. Kurjad vaimud on igavesti kindlaksmääratud asendisse kinni pandud, otsekui nad oleksid hiiglaslike kaljude alla surutud.

Need kurjad vaimud kuulusid kunagi Taevasse ja täitsid aulisi ülesandeid. Pärast langemist kasutasid langenud inglid pimeduse maailmas meelevalda oma äranägemist mööda. Aga nad said lüüa sõjas, mida nad Jumala vastu pidasid ja kõik lõppes. Nad kaotasid igasuguse au ja väärtuse taevaste olenditena. Sügavikus rebitakse neilt langenud inglitelt needuse ja häbi sümbolina tiivad ära.

Vaim on igavene surematu olend. Aga kuri vaim ei saa sügavikus isegi sõrme liigutada, tal pole tundeid, tahet ega võimu. Nad on nagu väljalülitatud masinad või äravisatud nukud ja näivad olevat isegi tardunud.

Mõned põrgu sõnumitoojad jäävad alumisse hauda

Selle reegli suhtes on ka erandeid. Nii nagu eelnevalt mainitud, jäävad umbes kaheteistkümne aastased lapsed ka pärast kohtumõistmist alumisse hauda. Seega on nende laste karistuste jätkumise jaoks vajalik, et põrgu sõnumitoojad tollega tegeleksid.

Need põrgu sõnumitoojad ei ole sügavikku kinni pandud, vaid jäävad alumisse hauda. Nad näevad välja otsekui robotid. Enne kohtumõistmist nad naersid vahel ja nautisid hingede piina vaatepilti, kuid see polnud nii nende tunnete puudumise tõttu. See tuli inimlike tunnusjoontega ja põrgu sõnumitoojaid emotsioone näitama ajava Lutsiferi kontrollist. Aga pärast kohtumõistmist ei valitse Lutsifer enam neid, kuid nad teevad oma tööd midagi tundmata, töötades masinate laadselt.

5. Kus lõpetavad deemonid?

Erinevalt langenud inglitest, lohemadudest ja nende järgijatest, mis loodi enne universumi loomist, ei ole deemonid vaimolendid. Nad olid kord põrmust tehtud inimolendid, kellel oli meiesarnane vaim, hing ja ihu. Nende kunagi selles maailmas kasvatatud, kuid pääsemist omandamata surnute hulgas on neid, kes on eritingimustel deemonitena maailma lahti lastud.

Kuidas siis muututakse deemoniks? Tavaliselt muututakse deemoniks neljal viisil.

Esimeseks, kui inimesed on oma vaimu ja hinge saatanale müünud.

Inimesed, kes tegelevad nõidusega ja otsivad oma ahnuse ja soovide rahuldamiseks kurjade vaimude abi ja väge, nagu näiteks nõiad, võivad saada pärast surma deemoniteks.

Teiseks, inimesed, kes on oma kurjusest enesetapu sooritanud.

Kui inimesed on ise oma elu lõpetanud, kuna nad on ärilistes raskustes või muul põhjusel, on nad ignoreerinud Jumala ülimuslikkust elu üle ja võivad muutuda deemoniteks. Kuigi see ei ole sama, mis oma maa eest või abitute aitamiseks oma elu andmine. Kui inimene, kes ei osanud ujuda, hüppas kellegi oma elu arvel päästmiseks vette, toimus see hea ja ülla eesmärgi nimel.

Kolmandaks, inimesed, kes uskusid kord Jumalat, kuid lõpetasid Teda salates ja oma usku maha müües.

Mõned usklikud laidavad Jumalat ja panevad Talle vastu kui

Karistused põrgus pärast suurt kohtumõistmist

nad on suurtes raskustes või kaotavad kedagi või midagi väga kallist. Charles Darwin, evolutsiooniteooria rajaja, on hea näide. Darwin uskus kord Looja Jumalat. Kui ta kallis tütar suri enneaegselt, hakkas Darwin Jumalat salgama ja Talle vastu seisma ja rajas evolutsiooniteooria. Niisugused inimesed teevad pattu ja löövad meie Lunastaja Jeesuse Kristuse uuesti risti (Heebrealastele 6:6).

Neljanda ja viimase kategooria moodustavad inimesed, kes Püha Vaimu takistasid, Talle vastu seisid ja Teda pilkasid, isegi kui nad uskusid Jumalat ja tundsid Tõde (Matteuse 12:31-32; Luuka 12:10).

Tänapäeval on palju inimesi, kes tunnistavad pealtnäha oma usku Jumalasse, ent takistavad Püha Vaimu, seisavad Talle vastu ja pilkavad Teda. Isegi kui need inimesed näevad arvukaid Jumala tegusid, mõistavad nad sellest hoolimata kohut ja teisi hukka, seistes Püha Vaimu tegudele vastu ja püüdes hävitada kogudusi, kus sünnivad Tema teod. Peale selle, kui nad on seda tehes koguduse juhid, teevad nad palju tõsisemat pattu.

Kui need patused surevad, visatakse nad alumisse hauda ja neid karistatakse kolmanda või neljanda taseme karistusega. Tõsi on see, et mõned neist hingedest saavad deemoniteks ja nad lastakse siia maailma vabaks.

Deemoneid valitseb kurat

Lutsiferil on täielik meelevald pimeduse maailma ja alumist hauda kohtuni valitseda. Seega, ka Lutsiferil on vägi valida alumisest hauast teatud hingesid, kes on ta töö jaoks kõige sobivamad ja kasutada neid selles maailmas deemonitena.

Kui need hinged valitakse ja maailma läkitatakse, siis ei ole neil enam, erandlikult nende eluajast, oma tahet ega tundeid. Lutsiferi tahte kohaselt valitseb neid kurat ja nad täidavad vaid kurjade vaimude maailma eesmärgi täitmiseks tööriista rolli.

Deemonid ahvatlevad maapealseid inimesi maailma armastama. Mõned tänapäeva kõige koledamatest pattudest ja kuritegudest ei ole kokkusattumuslikud, vaid võimalikuks tehtud Lutsiferi tahte kohaselt tegutsevate deemonite tegevuse viljana. Vaimumaailma seaduste kohaselt sisenevad deemonid nendesse inimestesse ja juhatavad nad põrgusse. Vahel teevad deemonid inimesi vigaseks ja toovad neile haigusi. Muidugi ei tähenda see, et igat liiki väärarengut või haigusjuhtumeid saaks deemonitele omistada, aga mõningatel juhtudel on need deemonite poolt peale pandud. Me näeme Piiblis deemonitest seestunud poissi, kes oli lapsest peale tumm (Markuse 9:17-24) ja kaheksateist aastat vigane olnud naine oli kõveras ja ei saanud ennast päris sirgeks ajada (Luuka 13:10-13).

Lutsiferi tahte kohaselt on deemonitele antud pimeduse maailma kõige lihtsamad kohustused, kuid neid ei panda pärast kohtumõistmist sügavikku kinni. Kuna need deemonid olid kord inimolendid ja neid kasvatati koos nendega, kes said alumises hauas kolmanda või neljanda taseme karistuse, visatakse nad pärast suure valge trooni kohtumõistmist põlevasse väävlijärve.

Kurjad vaimud kardavad sügavikku

Mõned teie hulgast, kes mäletavad Piibli sõnu, võivad arvata, et midagi ei klapi. Luuka 8. peatükis on sündmus, kus Jeesus kohtub deemonitest seestunud inimesega. Kui Ta deemonil inimese seest välja tulla käskis, ütles deemon: *"Mis on mul Sinuga asja, Jeesus, Kõigekõrgema Jumala Poeg? Ma anun Sind, ära mind piina!"* (Luuka 8:28) ja ta palus Jeesust, et Ta teda sügavikku ei saadaks.

Deemonid visatakse lõpuks põlevasse väävlijärve, mitte sügavikku. Miks see deemon siis palus, et Jeesus teda sügavikku ei saadaks? Nii nagu eelnevalt mainitud, olid deemonid kord inimolendid ja sel moel on nad pelgalt töövahendid, mida kasutati inimese kasvatamiseks Lutsiferi tahte kohaselt. Seega, kui deemon rääkis Jeesusega inimese huulte läbi, väljendas too teda kontrolli all hoidvate kurjade vaimude ja mitte enese südant. Lutsiferi juhtimise all olevad kurjad vaimud teavad, et kui Jumala inimese kasvatamise ettehooldus on lõpule viidud, kaotavad nad kogu meelevalla ja väe ning nad pannakse igaveseks sügavikku kinni. Nende tulevikukartus paistis deemoni anumisest ilmselgelt välja.

Pealegi kasutati deemonit tööriistana, mille tõttu deemonite kartus ja lõpp said Piiblisse kirja pandud.

Miks deemonid vihkavad vett ja tuld?

Mu teenistuse alguses tegutses Püha Vaim mu koguduses nii võimsalt, et pimedad said nägijaks, tummad hakkasid rääkima, poliomüeliidihaiged inimesed hakkasid käima ja kurjad vaimud aeti välja. Need sõnumid levisid üle kogu maa ja paljud haiged tulid kohale. Sel ajal palvetasin ma ise deemonitest seestunute eest ja deemonid teadsid vaimolenditena juba ette, et nad aetakse minema. Vahel palusid mõned deemonid mind: „Palun ära aja meid vette ega tulle!" Muidugi ei saanud ma nende sooviga nõus olla.

Miks siis deemonid vihkavad vett ja tuld? Piiblisse on kirja pandud ka nende meelepaha vee ja tule suhtes. Kui ma palusin ka selle kohta ilmutust, ütles Jumal mulle, et vesi tähistab vaimselt elu ja eriti valgust – Jumala Sõna. Lisaks tähistab tuli Püha Vaimu tuld. Selle kohaselt kaotavad deemonid, kes esindavad pimedust, oma väe ja meelevalla, kui nad aetakse tulle või vette.

Markuse 5. peatükis on sündmus, kus Jeesus käskis „Leegioni" nimelisel deemonil inimese seest välja minna ja deemonid palusid, et Ta saadaks nad sigadesse (Markuse 5:12). Jeesus lubas neile seda ja kurjad vaimud tulid mehe seest välja ja läksid sigade sisse. Umbes kahetuhande pealine seakari tormas järsakust alla järve ja uppus. Jeesus tegi seda, et takistada neid deemoneid Lutsiferi kasuks rohkem töötamast ja uputas nad järve. Kuid see ei tähenda, et deemonid uppusid, nad kaotasid lihtsalt oma väe. Sellepärast ütleb Jeesus meile: *„kui rüve vaim on inimesest välja läinud, käib ta põuaseid paiku pidi hingamist otsides ega leia seda"* (Matteuse 12:43).

Jumala lapsed peaksid vaimumaailma selgelt tundma, et Jumala väge näidata. Deemonid värisevad hirmust, kui te ajate nad välja täie vaimumaailma tundmisega. Aga nad ei värise ja veel vähem saab neid välja ajada, kui te lihtsalt ütlete: „Sina, deemon, mine välja ja mine vette! Mine tulle!" ning teil puudub seda tehes vaimne arusaamine.

Lutsifer püüab oma riiki rajada

Jumal on küllusliku armastuse Jumal, kuid Ta on ka õiguse Jumal. Hoolimata sellest, kui halastav ja andestav ükski selle maailma kuningas võiks olla, nad ei saa alati tingimusteta halastada ja andeks anda. Kui maal on vargad ja mõrtsukad, peaks kuningas need kinni püüdma ja neid maa seaduse alusel karistama, et ta rahvas võiks olla rahus ja turvaliselt. Ka siis kui ta armas poeg või rahvas saadavad korda tõsiseid kuritegusid nagu riigireetmine, ei ole kuningal valikut, ta peab neid seaduse kohaselt karistama.

Samamoodi on Jumala armastus niisugune armastus, mis ühtib vaimumaailma range korraga. Jumal armastas Lutsiferi väga enne ta reetmist ja isegi pärast reetmist andis Jumal Lutsiferile täie meelevalla pimeduse üle, kuid ainus tasu, mille Lutsifer saab, on sügavikku kinnipanek. Kuna Lutsifer juba teab seda, püüab ta oma riiki rajada ja seda püsimas hoida. Sellepärast tappis Lutsifer kahetuhande aasta eest ja enne seda palju Jumala prohveteid. Kakstuhat aastat tagasi kui Lutsifer kuulis Jeesuse sünni kohta, püüdis ta Jeesust kuningas Heroodese kaudu tappa, et takistada jumalariigi rajamist ja et pimeduseriiki püsimas hoida. Pärast saatana ässitamist andis Heroodes käsu tappa kõik maal olevad kaheaastased ja nooremad poeglapsed (Matteuse 2:13-18).

Peale selle on Lutsifer viimase kahe aastatuhande ajal alati püüdnud hävitada ja tappa igaüht, kes Jumala imelist väge ilmutanud on. Aga Lutsifer ei saa kunagi Jumala vastu ja ei ületa Ta tarkust ning ta läheb lõpuks sügavikku.

Armastuse Jumal ootab ja annab meeleparanduse võimalusi

Kõikide maapealsete inimeste tegude üle mõistetakse kohut vastavalt nende tegudele. Ülekohtuseid ootavad needus ja karistused ja häid õnnistused ja au. Aga Jumal, kes on armastus, ei saada kohe patustanud inimesi põrgusse. Ta ootab kannatlikult, et inimesed meelt parandaksid, nagu kirjutatakse 2. Peetruse 3:8-9: *„Aga selle juures, mu armsad, ärgu jäägu teie eest varjule, et Isanda juures on üks päev nagu tuhat aastat ja tuhat aastat nagu üks päev. Isand ei viivita tõotust täitmast, nii nagu mõned peavad seda viivitamiseks, vaid Tema on teie vastu pikameelne, sest Ta ei taha, et keegi hukkuks, vaid et kõik jõuaksid meeleparandusele."* See on kõikide inimese pääsemisele tulekut sooviva Jumala armastus.

Selle põrgu sõnumi läbi peaksite te meeles pidama, et Jumal oli ka kannatlik kõigi nende suhtes, keda alumises hauas karistatakse ja ootas nende järele. See armastuse Jumal leinab oma kuju ja sarnasuse järele valmistatud hingesid, kes kannatavad nüüd ja kannatavad ka tulevastel ajastutel.

Hoolimata Jumala kannatlikkusest ja armastusest, kui inimesed ei võta lõpuks evangeeliumi vastu või väidavad, et nad usuvad, aga teevad edasi pattu, kaotavad nad iga pääsemise võimaluse ja lähevad põrgusse.

Sellepärast peaksime meie, usklikud, alati iga võimaluse korral ja ka võimaluse puudumisel evangeeliumi kuulutama. Oletame, et teie äraolekul oli te majas suur tulekahju. Kui te tagasi tulite, oli maja leekides ja te lapsed magasid majas. Kas te ei teeks kõikvõimalikku, et oma lapsi päästa? Jumala südamele teeb veelgi rohkem valu, kui Ta näeb Ta kuju järele Tema sarnaseks loodud inimesi pattu tegemas ja põrgu igavestesse leekidesse minemas. Samamoodi, kas te suudate kujutada ette, kui hea meel on Jumalal, kui Ta näeb inimesi kaasinimesi päästmisele juhatamas?

Te peaksite mõistma kõiki inimesi armastava ja iga põrgusse minejat leinava Jumala südant ja samuti ka mitte ühtegi inimest kaotada sooviva Jeesuse Kristuse südant. Nüüd kui te olete lugenud põrgu julmuse ja armetuse kohta, võite te mõista, miks Jumalale teeb inimeste pääsemine nii head meelt. Ma loodan, et te mõistate ja tunnete Jumala südant, et teiegi levitaksite häid sõnumeid ja juhataksite inimesi Taevasse.

9. Peatükk

Miks pidi armastuse Jumal valmistama põrgu?

1. Jumala kannatlikkus ja armastus
2. Miks pidi armastuse Jumal valmistama põrgu?
3. Jumal tahab, et kõik inimesed saaksid päästetud
4. Levitage evangeeliumit julgelt

„[Jumal] kes tahab,
et kõik inimesed pääseksid
ja tuleksid tõe tundmisele."
- 1. Timoteosele 2:4 -

„Tal on visklabidas käes
ja Ta puhastab oma rehealuse
ning kogub oma nisud aita,
aga aganad põletab
Ta ära kustutamatu tulega."
- Matteuse 3:12 -

Miks pidi armastuse Jumal valmistama põrgu?

Umbes kakstuhat aastat tagasi käis Jeesus Iisraeli linnades ja külades ning kuulutas häid sõnumeid ja tervendas inimesi kõigist haigustest. Kui Jeesus kohtus inimestega, tundis Ta nende vastu kaastunnet, sest nad olid väsitatud ja vaevatud otsekui lambad, kellel ei ole karjast (Matteuse 9:36). Päästetavaid oli palju, kuid polnud, kes nende järele oleks vaadanud. Isegi kui Jeesus käis usinalt külades ja külastas inimesi, ei suutnud Ta kõigi nende eest ühekaupa hoolt kanda.

Matteuse 9:37-38 ütles Jeesus oma järgijatele: *"Lõikust on palju, töötegijaid aga vähe. Paluge siis lõikuse Isandat, et Ta saadaks töötegijaid välja oma lõikusele!"* Töötegijad, kes oleksid arvukatele inimestele põleva armastusega tõde õpetanud ja neist Jeesuse asemel pimeduse välja ajanud, olid väga vajalikud.

Tänapäeval on väga paljud inimesed patu poolt orjastatud ja kannatavad haiguste, vaesuse ja mure tõttu ning liiguvad põrgu suunas – lihtsalt sellepärast, et nad ei tunne tõde. Meil tuleb mõista lõikusele saatmiseks töötegijaid otsiva Jeesuse südant, et te ei saaks vaid üksnes päästetud, vaid tunnistaksite ka Talle: „Siin ma olen! Saada mind, Isand."

1. Jumala kannatlikkus ja armastus

Kord elas poeg, keda ta vanemad armastasid ja imetlesid. Ühel päeval palus poeg, et vanemad annaksid talle tema osa maaomandist. Vanemad nõustusid poja soovi täitma, isegi olgugi et nad ei mõistnud täiesti oma poega, kes oleks niikuinii kogu päranduse saanud. Siis läks poeg oma pärandiosaga välismaale.

Isegi kui tal olid alguses lootused ja ambitsioonid, andus ta üha rohkem maailma rõõmudele ja kirgedele ja raiskas lõpuks kogu oma rikkuse. Pealegi oli maal tõsine majanduslangus, mille tagajärjel ta muutus veelgi vaesemaks. Ühel päeval rääkis keegi vanematele uudiseid nende poja kohta ja ütles, et nende poeg oli oma pillava elu tõttu samahästi kui kerjus ning inimesed põlastasid teda.

Kuidas pidid vanemad end tundma? Alguses võisid nad olla vihased, aga varsti tundsid nad tema pärast muret ja mõtlesid: „Me andestame sulle, poeg. Lihtsalt tule kiiresti koju!"

Jumal võtab vastu meeleparandusega naasvad lapsed

Nende vanemate südamest on kirjutatud Luuka 15. peatükis. Isa, kelle poeg läks kaugele maale, ootas iga päev väraval poja naasmist. Isa ootas oma poja naasmist nii meeleheitlikult, et kui poeg naasis, tundis isa ta kohe kaugelt ära, ta jooksis poja juurde ja embas teda rõõmuga. Isa pani meelt parandanud pojale selga parima rüü ja jalga sandaalid, tappis nuumvasika ja pidas poja auks peo.

Selline on Jumala süda. Ta ei anna üksnes andeks igaühele, kes siiralt meelt parandab, hoolimata nende pattude hulgast või tõsidusest, aga Ta ka trööstib neid ja annab neile väe tulevikus paremini tegemise jaoks. Kui inimene saab usu läbi päästetud, rõõmustab Jumal ja pidutseb taevavägede ja inglitega. Meie halastav Jumal on armastus ise. Jumal tahab poega koju ootava isa südamega innukalt näha, et kõik inimesed pöörduksid patust ja saaksid päästetud.

Armastuse ja andestuse Jumal

Hoosea 3. peatükist võib näha meie alati innukalt andestava ja isegi patuseid armastava Jumala rohket halastust ja kaastunnet. Ühel päeval ütles Jumal Hooseale, et ta abielluks abielurikkuja naisega. Hoosea kuuletus ja abiellus Gomeriga. Aga mõne aasta pärast ei suutnud Gomer oma südant valitseda ja armatses teise mehega. Pealegi tasuti talle nagu prostituudile ja ta käis teise mehega armatsemas. Siis ütles Jumal Hooseale: *„Mine veel kord ja armasta naist, keda armuke armastab ja kes on abielurikkuja, nagu Isand armastab Iisraeli lapsi, kuigi need pöörduvad teiste jumalate poole ja armastavad rosinakakkusid!"* (1. salm). Jumal käskis Hooseal armastada oma naist, kes teda reetis ja lahkus kodunt, et armatseda teise mehega. Hoosea maksis Gomeri eest viisteist hõbeseeklit ning kaks ja pool tündrit otri ja tõi ta koju tagasi (2. salm). Kui paljud inimesed teeksid niimoodi? Pärast seda kui Hoosea tõi Gomeri tagasi, ütles ta talle: *„Sa pead jääma mu juurde kauaks ajaks; sa ei tohi teha hooratööd ega kuuluda teisele mehele, ja minagi ei tule su juurde!"* (3. salm). Ta ei mõistnud teda hukka ega vihanud teda, vaid andestas talle armastusest ja palus, et ta ei jätaks teda enam kunagi.

Hoosea tegu võib näida selle maailma inimeste silmis rumal. Aga ta süda sümboliseerib Jumala südant. Nii nagu Hoosea abiellus abielurikkujast naisega, armastas Jumal esiteks meid, kuigi me olime Ta jätnud ja Ta isegi vabastas meid.

Pärast Aadama sõnakuulmatust olid kõik inimolendid patust küllastunud. Nii nagu Gomer, ei väärinud nad Jumala armastust.

Kuid Jumal armastas neid sellest hoolimata ja lasi oma ainusündinud Poja Jeesuse Kristuse nende eest risti lüüa. Jeesust piitsutati, Ta kandis okaskrooni ja Ta käed ja jalad löödi risti külge, et Ta saaks meid päästa. Isegi siis, kui Ta oli ristil suremas, palus Ta: „Isa, anna neile andeks." Jeesus palub Taevas meie Isa Jumala trooni ees kõikide patuste eest ka praegusel hetkel.

Aga nii paljud inimesed ei tunne Jumala armastust ja armu. Selle asemel armastavad nad maailma ja teevad pattu, taotledes oma liha ihasid. Mõned elavad pimeduses, sest nad ei tunne tõde. On ka neid, kes tunnevad tõde, aga aja jooksul nende süda muutub ja nad teevad taas pattu. Kui inimesed saavad päästetud, peavad nad end iga päev pühitsema. Aga nende süda muutub moraalselt rikutuks ja läheb mustaks, erinevalt ajast, kui nad esimest korda Püha Vaimu vastu võtsid. Sellepärast teevad need inimesed isegi niisugust kurja, millest nad olid varem vabaks saanud.

Jumal tahab ikkagi andestada ja armastab ka neid inimesi, kes on pattu teinud ja maailma armastanud. Nii nagu Hoosea tõi tagasi oma abielurikkuja naise, kes armatses teise mehega, ootab Jumal oma patustanud laste naasmist ja meeleparandust.

Seega, me peame mõistma meile põrgu sõnumi ilmutanud Jumala südant. Jumal ei taha meid hirmutada; Ta tahab, et me lihtsalt teaksime kui armetu on põrgu, parandaksime põhjalikult meelt ja saaksime päästetud. Põrgu sõnum on viis, kuidas Ta väljendab oma põlevat armastust meie vastu. Meil tuleb ka aru saada, miks Jumal pidi valmistama põrgu, et me võiksime Ta südant sügavamalt mõista ja kuulutaksime häid sõnumeid veel enamatele inimestele, et nad pääseksid igavesest karistusest.

2. Miks pidi armastuse Jumal valmistama põrgu?

1. Moosese raamatus 2:7 öeldakse: „*Ja Isand Jumal valmistas inimese, kes põrm on, ja puhus tema ninasse eluhinguse: nõnda sai inimene elavaks hingeks.*" 1983. aastal, aasta pärast mu koguduse uste avanemist, näitas Jumal mulle nägemust, kus kujutati Aadama loomist. Jumal vormis Aadama õnnelikult ja rõõmsalt maapõrmust. Ta tegi seda hoole ja armastusega, otsekui laps, kes mängib oma lemmikmänguasja või -nukuga. Pärast Aadama peent vormimist hingas Jumal ta ninasõõrmetesse eluõhu. Kuna me saime eluõhu Jumalalt, kes on Vaim, on meie vaim ja hing surematud. Põrmust tehtud ihu hävib ja naaseb peotäie põrmu hulka, aga meie vaim ja hing kestavad igavesti.

Sel põhjusel pidi Jumal nende surematute vaimude elamiseks valmistama koha, need kohad on Taevas ja põrgu. 2. Peetruse 2:9-10 kirjutatakse, et inimesed, kes elavad jumalakartlikku elu, saavad päästetud ja lähevad Taevasse, kuid ülekohtusi nuheldakse põrgus.

Nii oskab Isand küll jumalakartlikke kiusatusest välja kiskuda, ülekohtusi aga nuhtlemiseks kinni pidada kohtupäevani. Iseäranis nuhtleb Isand neid, kes rüvedas himus elavad lihaliku loomuse järgi ning põlgavad Isanda valitsust. Need on jultunud ja ennast täis ega põrka tagasi teotamast kirkuseingleidki.

Ühest küljest elavad Jumala lapsed Ta igavese valitsuse all

Taevas. Seega on Taevas alati täis õnne ja rõõmu. Teisest küljest on põrgu koht kõigile, kes ei võtnud vastu Jumala armastust, vaid reetsid Ta hoopis ja said patu orjaks. Põrgus ootavad neid ees julmad karistused. Miks siis armastuse Jumal pidi valmistama põrgu?

Jumal eraldab nisu sõkaldest

Nii nagu põllumees külvab seemneid ja harib neid, kasvatab Jumal selles maailmas inimolendeid, et tõelisi lapsi saada. Kui lõikuseaeg saabub, eraldab Ta nisu sõkaldest ja saadab nisu Taevasse ja sõklad põrgusse.

Tal on visklabidas käes ja Ta puhastab oma rehealuse ning kogub oma nisud aita, aga aganad põletab Ta ära kustutamatu tulega (Matteuse 3:12).

„Nisu" sümboliseerib siin kõiki, kes on Jeesuse Kristuse vastu võtnud ja püüavad taastada Jumala kuju ning elavad Ta Sõna järgi. „Sõklad" tähistab neid, kes ei võta Jeesust Kristust Päästjaks, vaid armastavad maailma ja järgivad kurja.

Nii nagu põllumees kogub vilja aita ja põletab sõklad või kasutab neid lõikuse ajal väetiseks, toob ka Jumal vilja Taevasse ja heidab sõklad põrgusse.

Jumal tahab teha kindlaks, et me teaksime alumise haua ja põrgu olemasolu kohta. Maakoore all olev laava ja tuli meenutavad igavest karistust põrgus. Kui selles maailmas poleks tuld ega väävlit, siis kuidas me suudaksime isegi ette kujutada

Miks pidi armastuse Jumal valmistama põrgu?

õudsaid vaatepilte alumises hauas ja põrgus? Jumal lõi need asjad, sest need on inimolendite kasvatamise jaoks vajalikud.

Põhjus, miks „sõklad" visatakse põrgutulle

Mõned võivad küsida: „Miks valmistas armastuse Jumal põrgu? Miks ei võiks Ta ka sõklaid Taevasse lasta?" Taeva ilu ei ole võimalik ette kujutada ega kirjeldada. Taeva valitseja Jumal on püha, plekitu ning veatu ja seega lubatakse Taevasse minna vaid neil, kes Ta tahet teevad (Matteuse 7:21). Kui kurjad oleksid Taevas koos armastust ja headust täis inimestega, oleks taevane elu äärmiselt raske ja ebamugav ja ilus Taevas saaks rikutud. Sellepärast pidi Jumal valmistama põrgu, et eraldada taevast nisu põrgu sõkaldest.

Ilma põrguta oleksid õiged ja kurjad koos elama sunnitud. Sellisel juhul oleks Taevas pimeduse kants, täis kiljeid ja piinahüüdeid. Aga Jumal ei kasvata inimest niisuguse koha loomise jaoks. Taevas on koht, kus pole pisaraid, kurbust, piina ega haigust ja kus Ta saab oma lastega igavesest ajast igavesti oma rikkalikku armastust jagada. Seega, põrgu on vajalik kurjade ja kõlvatute inimeste – sõkalde alaliseks kinnihoidmiseks.

Roomlastele 6:16 öeldakse: *„Eks te tea, et kelle kuulekusse teie end loovutate orjaks, kelle sõna te kuulate, selle orjad te olete – olgu patu orjad surmaks või kuulekuse orjad õiguseks!"* Isegi kui nad ei pruugi seda teada, siis kõik, kes ei ela Jumala Sõna alusel, on patu orjad ja meie vaenlase saatana ja kuradi orjad. Selle maa peal valitsevad neid vaenlane saatan ja kurat; pärast surma heidetakse nad põrgusse kurjade vaimude kätte ja neid karistatakse igasugusel viisil.

Jumal tasub igaühele tehtu kohaselt

Meie Jumal ei ole vaid armastuse, halastuse ja lahkuse Jumal, vaid ka aus ja õiglane Jumal, kes tasub igaühele vastavalt ta tegudele. Galaatlastele 6:7-8 kirjutatakse:

> *Ärge eksige: Jumal ei lase ennast pilgata, sest mida inimene iganes külvab, seda ta ka lõikab. Kes oma lihalikule loomusele külvab, see lõikab lihalikust loomusest kaduvust, kes aga Vaimule külvab, see lõikab Vaimust igavest elu.*

Ühest küljest, kui te külvate palveid ja kiitust, saate te Taevast väe Jumala Sõna järgi elamiseks ja teie vaim ja hing saavad terveks. Kui te külvate ustavat teenimist, tugevdab see kõiki teie osasid – vaimu, hinge ja ihu. Kui te külvate raha kümnise või tänuohvritega, saate te veelgi rohkem finantsõnnistusi, nii et te võite jumalariigi ja selle õiguse jaoks veelgi rohkem külvata. Teiset küljest, kui te külvate kurja, tasutakse teile teie kurja eest täies koguses ja suuruses. Isegi siis, kui te olete usklik ja külvate pattu ja seadusetust, sattute te kannatustesse. Seega, ma loodan, et te saite sellest aru ja mõistsite seda tõsiasja Püha Vaimu kaudu, et te võiksite igavese elu vastu võtta.

Johannese 5:28-29, ütles Jeesus: *„Ärge pange seda imeks, sest tuleb tund, mil kõik, kes on haudades, kuulevad Tema häält ning tulevad välja: need, kes on teinud head, elu* ülestõusmiseks, aga need, kes on teinud halba, hukkamõistmise ülestõusmiseks. " Matteuse 16:27 lubas Jeesus meile: *„Sest Inimese Poeg tuleb oma Isa kirkuses koos oma inglitega ja siis Tema tasub igaühele selle tegusid mööda."* Jumal annab kohtu kaudu laitmatu täpsusega vastava tasu ja määrab igaühele tehtu kohaselt karistused. See, kas keegi läheb Taevasse või põrgusse, ei sõltu Jumalast, vaid igast inimesest, kellel on vaba tahe ja igaüks lõikab seda, mida ta külvab.

3. Jumal tahab, et kõik inimesed saaksid päästetud

Jumal peab Tema kuju ja sarnasuse järgi loodud inimest palju tähtsamaks kui kogu universumit. Seega, Jumal tahab, et kõik inimesed usuksid Jeesust Kristust ja saaksid päästetud.

Jumal rõõmustab veel enam ühe patuse meeleparanduse üle

Jumal rõõmustab karjase südamega, kes otsib konarlikelt teedelt ühte kadunud lammast, isegi kui tal on ülejäänud üheksakümmend üheksa lammast kaitstud (Luuka 15:4-7), Jumal rõõmustab veel enam ühe patuse meeleparanduse üle kui üheksakümne üheksa õige inimese üle, kes ei vaja meeleparandust.

Laulukirjutaja kirjutas Laulus 103:12-13: *„Nii kaugel kui ida on läänest, nii kaugele viib Ta meist meie üleastumised. Otsekui isa halastab laste peale, nõnda halastab Isand nende* *peale, kes Teda kardavad."* Jumal lubas samuti Jesaja 1:18: *"Tulge nüüd ja seletagem isekeskis, ütleb Isand. Kuigi teie patud on helepunased, saavad need lumivalgeks; kuigi need on purpurpunased, saavad need villa sarnaseks."* Jumal on valgus ise ja Temas ei ole pimedust. Ta on ka headus ise, kes põlgab pattu, aga kui patune tuleb meelt parandades Tema ette, ei mäleta Jumal tema patte. Selle asemel embab ja õnnistab Jumal patust oma piiritu andestuse ja südamliku armastusega.

Kui te mõistate Jumala hämmastavat armastust isegi veidike, peaksite te igaüht tõsimeelse armastusega kohtlema. Te peaksite kaasa tundma neile, kes lähevad põrgutule poole, nende eest siiralt palvetama, nendega häid sõnumeid jagama ja külastama neid, kelle usk on nõrk ja nende usku tugevdama, et nad võiksid kindlalt püsida.

Kui te ei paranda meelt

1. Timoteose 2:4 öeldakse: *"[Jumal] tahab, et kõik inimesed pääseksid ja tuleksid tõe tundmisele."* Jumal tahab meeletult, et kõik tunneksid Teda, saaksid päästetud ja tuleksid Tema juurde. Jumal loodab õhinaga, et veel mõni inimene pääseks ja Ta ootab, et pimeduses ja patus olevad inimesed Tema poole pöörduksid.

Aga isegi kui Jumal on andnud inimestele arvukaid meeleparanduse võimalusi, ohverdades selle eest oma ainsa Poja ristil, jääb inimestele vaid üks võimalus järele kui nad meelt ei paranda ja surevad. Vaimumaailma seaduse alusel nad lõikavad seda, mida nad külvasid ja neile tasutakse tehtu eest ning nad heidetakse lõpuks põrgusse.

Miks pidi armastuse Jumal valmistama põrgu?

Ma loodan, et te mõistate seda Jumala hämmastavat armastust ja õiglust, et te võiksite Jeesuse Kristuse vastu võtta ja saaksite andeks. Pealegi, käituge ja elage Jumala tahte kohaselt, et te võiksite paista nagu päike Taevas.

4. Levitage evangeeliumi julgelt

Need, kes teavad ja tõesti usuvad Taeva ja põrgu olemasolu, kuulutavad evangeeliumi paratamatult, sest nad tunnevad kõikide inimeste pääsemist sooviva Jumala südant liiga hästi.

Kui pole inimesi, kes häid sõnumeid levitaks

Roomlastele 10:14-15 öeldakse, et Jumal kiidab neid, kes levitavad häid sõnumeid:

Kuidas nad siis saaksid appi hüüda Teda, kellesse nad ei ole uskunud? Aga kuidas nad saaksid uskuda sellesse, kellest nad ei ole kuulnud? Kuidas nad saaksid kuulda ilma kuulutajata? Kuidas aga saadaks kuulutada, kui ei olda läkitatud? Just nagu on kirjutatud: „Kui kaunid on nende jalad, kes kuulutavad head rõõmusõnumit."

2. Kuningate raamatu 5. peatükis on lugu Naamanist, kes oli Süüria kuninga väepealik. Kuningas pidas Naamanit suureks ja kõrgesti austatud meheks, sest ta päästis oma maa mitmel korral.

Ta sai kuulsust ja rikkust ja tal ei olnud millestki puudust. Aga Naamanil oli pidalitõbi. Neil päevil oli pidalitõbi ravimatu haigus ja seda peeti taevaseks needuseks, seega Naamanil polnud oma vaprusest ja rikkusest kasu. Isegi kuningas ei suutnud teda aidata.

Kas te kujutate ette oma kord terve ihu mädanemist ja kõdunemist iga päev pealt nägeva Naamani südant? Lisaks sellele hoidusid ka pereliikmed Naamanist eemale, kartes haigusse nakatuda. Kui jõuetult ja abitult Naaman end tunda võis?

Kuid Jumalal oli paganate väepealiku Naamani jaoks hea plaan. Naamani naist teenis Iisraelis vangi võetud tüdruk.

Naaman sai pärast tüdruku ärakuulamist terveks

Kuigi teenijatüdruk oli väike tüdruk, teadis ta Naamani hädale lahendust. Tüdruk uskus, et Eliisa, Samaaria prohvet, võis ta peremehe terveks teha. Ta kuulutas oma peremehele julgelt sõnumit Eliisa kaudu ilmsiks saanud Jumala väest. Ta ei hoidnud oma suud kinni, eriti kuna tegu oli millegagi, mida ta ise väga uskus. Kui Naaman neid sõnumeid kuulis, valmistas ta äärmiselt tõsimeelselt ohvriannid ja läks prohveti jutule.

Mis teie arvates Naamaniga juhtus? Ta sai Eliisaga kaasas käiva Jumala väe läbi täiesti terveks. Ta isegi tunnistas: *"Vaata, nüüd ma tean, et kogu maailmas ei ole Jumalat mujal kui ainult Iisraelis"* (2. Kuningate raamat 5:15). Naaman ei tervenenud üksnes haigusest, vaid ka ta vaimu probleem lahenes.

Jeesus kommenteerib seda lugu Luuka 4:27: *"Ja palju pidalitõbiseid oli Iisraelis prohvet Eliisa ajal, ent keegi neist*

Miks pidi armastuse Jumal valmistama põrgu?

ei saanud puhtaks kui vaid süürlane Naaman. " Miks vaid paganast Naaman sai terveks, isegi kui Iisraelis oli palju teisi pidalitõbiseid? See juhtus, kuna Naamani süda oli ehtsalt hea ja piisavalt alandlik, et teiste inimeste nõuandeid kuulda võtta. Hoolimata sellest, et Naaman oli pagan, valmistas Jumal ta jaoks pääsemise tee, sest ta oli hea mees, kes oli alati kuningale ustav väepealik ja teener, kes armastas oma rahvast nii palju, et ta oli meeleldi valmis oma elu nende eest andma ja oleks seda ka teinud.

Aga kui teenijatüdruk ei oleks Naamanile edastanud sõnumit Eliisa väe kohta, oleks ta surnud ja poleks terveks saanud, rääkimata pääsemise vastuvõtmisest. Ülla ja auväärse sõdalase elu sõltus väikese tüdruku huultest.

Kuulutage julgelt evangeeliumi

Nii nagu Naamani puhul juhtus, ootavad paljud teid ümbritsevad inimesed, et te oma suu avaksite. Nad kannatavad paljude eluraskuste tõttu ka selles elus ja liiguvad iga päevaga rohkem põrgu poole. Kui hale see on, kui neid piinatakse igavesti pärast sellist rasket maapealset elu. Seega, Jumala lapsed peavad niisugustele inimestele julgelt evangeeliumi kuulutama.

Jumalal on erakordselt hea meel kui surmale määratud inimesed saavad Isanda väe läbi elu ja kannatajad saavad vabaks. Ta teeb nad ka edukaks ja terveks ning ütleb neile: „Sina oled mu laps, kes mu vaimu värskendab." Pealegi aitab Jumal neil saada piisavalt suurt usku, et minna aulisesse Uude Jeruusalemma, kus on Jumala troon. Pealegi, kas poleks needsamad inimesed, kes võtavad Jeesuse Kristuse teilt heade sõnumite kuulmise kaudu vastu, neile tehtu eest teile tänulikud? Kui inimestel pole selles elus pääsemise jaoks piisavalt suurt usku, ei saa nad kord põrgus olles enam kunagi „teist võimalust." Keset igavest kannatust ja piina saavad nad vaid kahetseda ja igavesest ajast igavesti ahastada.

Selleks, et teie võisite kuulda evangeeliumi ja Isandat vastu võtta, tõid arvukad usuisad tohutuid ohvreid ja olid pühendunud, neid tapeti mõõga läbi, nad langesid näljaste metsloomade saagiks või surid märtrisurma heade sõnumite kuulutamise tõttu.

Mida te peaksite siis nüüd tegema, kui te teate, et te olete põrgust pääsenud? Te peata andma endast parima, et vabastada võimalikult palju hingi põrgust, viies nad Isanda kätesse. 1. Korintlastele 9:16 tunnistas apostel Paulus põleva südamega oma missioonist: *„Sest kui ma evangeeliumi kuulutan, ei saa ma sellega kiidelda, kuna see kohustus on pandud mu peale, ja häda mulle, kui ma evangeeliumi ei kuuluta!"*

Ma loodan, et te lähete maailma Isanda põleva südamega ja päästate palju hingi igavesest põrgu karistusest.

Te olete selle raamatu vahendusel teada saanud igavesest õudsast ja haletsusväärsest kohast, mida kutsutakse põrguks. Ma palun, et te võiksite tunda mitte ühtegi inimest kaotada sooviva Jumala armastust, oleksite ärksad oma kristlase elus ja kuulutaksite evangeeliumi igaühele, kel seda kuulda vaja.

Jumala silmis olete te kogu maailmast palju kallim ja rohkem

Miks pidi armastuse Jumal valmistama põrgu?

väärt kui kogu universum kokku, sest teid loodi Tema kuju järele. Seega te ei pea saama patu orjaks, kes seisab Jumalale vastu ja lõpetab põrgus, aga saage tõeliseks Jumala lapseks, kes käib valguses ja tegutseb ja elab tõe kohaselt.

Jumal valvab teid ka tänapäeval samapalju õnne tundes, kui Aadama loomise ajal. Ta tahab, et te saaksite tõese südame ja küpseksite kiiresti usus ning saavutaksite Kristuse täiuse täisea mõõdu.

Ma palun Isanda nimel, et te võtaksite viivitamata vastu Jeesuse Kristuse ja saaksite Jumala kallite laste õnnistused ja meelevalla, et te võiksite etendada maailmas soola ja valguse osa ja juhataksite arvukad inimesed pääsemisele!

Autorr:
Dr. Jaerock Lee

Dr Jaerock Lee sündis 1943. aastal Muanis, Jeonnami provintsis, Korea Vabariigis. Kahekümnesena oli Dr Lee mitmete ravimatute haiguste tõttu seitse aastat haige ja ootas surma ilma paranemislootuseta. Kuid õde viis ta ühel 1974. aasta kevadpäeval kogudusse ja kui ta põlvitas, et palvetada, tervendas elav Jumal ta kohe kõigist haigustest.

Hetkest kui Dr Lee kohtus selle imelise kogemuse kaudu elava Jumalaga, on ta Jumalat kogu südamest siiralt armastanud ja Jumal kutsus ta 1978. aastal end teenima. Ta palvetas tuliselt, et ta võiks Jumala tahet selgelt mõista ja seda täielikult teha ning kuuletuda kogu Jumala Sõnale. 1982. aastal asutas ta Manmini koguduse Seoulis, Lõuna-Koreas ja tema koguduses on aset leidnud arvukad Jumala teod, kaasa arvatud imepärased tervenemised ja imed.

1986. aastal ordineeriti Dr Lee Korea Jeesuse Sungkyuli koguduse aastaassambleel pastoriks ja neli aastat hiljem – 1990. aastal, hakati tema jutlusi edastama Austraalia, Venemaa, Filipiinide ülekannetes ja paljudes muudes kohtades Kaug-Ida ringhäälingukompanii, Aasia ringhäälingujaama ja Washingtoni kristliku raadiosüsteemi vahendusel.

Kolm aastat hiljem, 1993. aastal, valis *Christian World (Kristliku maailma)* ajakiri (USA) Manmini Keskkoguduse üheks „Maailma 50 tähtsamast kogudusest" ja Christian Faith College (Kristlik Usukolledž), Floridas, USA-s andis talle Teoloogia audoktori tiitli ja 1996. aastal sai ta Ph.D. teenistusalase kraadi Kingsway Teoloogiaseminarist Iowas, USA-s.

1993. aastast alates on Dr. Lee juhtinud maailma misjonitööd, viies läbi palju välismaiseid krusaade Tansaanias, Argentinas, L.A.-s, Baltimore City's, Havail ja New York City's USA-s, Ugandas, Jaapanis, Pakistanis, Kenyas, Filipiinidel, Hondurasel, Indias, Venemaal, Saksamaal, Peruus, Kongo Rahvavabariigis, Iisraelis ja Eestis.

2002. aastal kutsuti teda Korea peamistes kristlikes ajalehtedes tema väelise teenistuse tõttu erinevatel väliskoosolekusarjadel „ülemaailmseks äratusjutlustajaks". Ta kuulutas julgelt, et Jeesus Kristus on Messias ja Päästja eriti „New Yorki 2006. aasta koosolekusarja" käigus, mis toimus maailma kuulsaimal laval Madison Square Gardenis ja mida edastati 220 riiki ja Jeruusalemma rahvusvahelises koosolekukeskuses toimunud „2009. aasta Iisraeli ühendkoosolekute sarja" käigus.

Tema jutlusi edastatakse 176 riiki satelliitide kaudu, kaasa arvatud GCN TV ja ta kuulus Venemaa populaarse kristliku ajakirja *In Victory (Võidukas)* ja uudisteagentuuri *Christian Telegraph (Kristlik Telegraaf)* sõnul 2009. ja 2010. aastal oma vägeva teleedastusteenistuse ja välismaiste koguduste pastoriks olemise tõttu kümne kõige mõjukama kristliku juhi sekka.

2016. aasta aprillis alates koosneb Manmini Keskkogudus rohkem kui 120 000 liikmest. Kogudusel on 10000 sisemaist ja välismaist harukogudust, mille hulka kuuluvad 56 kodumaist harukogudust ja praeguseni on sealt välja lähetatud rohkem kui 102 misjonäri 23 maale, kaasa arvatud Ameerika Ühendriigid, Venemaa, Saksamaa, Kanada, Jaapan, Hiina, Prantsusmaa, India, Kenya ja paljud muud maad.

Tänaseni on Dr. Lee kirjutanud 104 raamatut, kaasa arvatud bestsellerid *Maitsedes Igavest elu Enne Surma, Minu Elu, Minu Usk I ja II osa, Risti Sõnum, Usu Mõõt, Taevas I ja II* osa, *Põrgu, Ärka Iisrael!* ja *Jumala Vägi* ja tema teosed on tõlgitud enam kui 76 keelde.

Tema kristlikud veerud ilmuvad väljaannetes *The Hankook Ilbo, The JoongAng Daily, The Chosun Ilbo, The Dong-A Ilbo, The Seoul Shinmun, The Hankyoreh Shinmun, The Kyunghyang Shinmun, The Korea Economic Daily, The Korea Herald, The Shisa News* ja *The Christian Press*.

Dr. Lee on praegu mitme misjoniorganisatsiooni ja –ühingu asutaja ja president, kaasa arvatud Jeesus Kristus Ühendatud Pühaduse Koguduse (The United Holiness Church of Jesus Christ) esimees; Ülemaailmse Kristliku Äratusmisjoni Liidu (The World Christianity Revival Mission Association) asutaja; Ülemaailmse Kristliku Võrgu CGN (Global Christian Network GCN) asutaja ja juhatuse esimees; Ülemaailmse Kristlike Arstide Võrgu WCDN (The World Christian Doctors Network WCDN) asutaja ja juhatuse esimees; Manmini Rahvusvahelise Seminari MIS (Manmin International Seminary MIS) asutaja ja juhatuse esimees.

Teised kaalukad teosed samalt autorilt

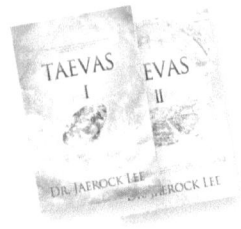

Taevas I & II

Üksikasjalik ülevaade taevakodanike toredast elukeskkonnast keset Jumala au ja taevariigi eri tasemete ilus kirjeldus.

Risti Sõnum

Võimas äratussõnum kõigile, kes on vaimses unes! Sellest raamatust leiate te põhjuse, miks Jeesus on ainus Päästja ja tõeline Jumala armastus.

Enne Surma Igavese Elu Maitsmine

Tunnistus dr Jaerock Lee mälestuseks, kes sündis uuesti ja päästeti surmaorust ja kes on elanud eeskujulikku kristlikku elu.

Seitse Kogudust

Isanda tõsimeelsed sõnumid usklike ja koguduste vaimsest unest äratamiseks, mis saadeti seitsmesse kogudusse Johannese ilmutuse 2. ja 3. peatüki alusel ja mis räägivad kõikidest Isanda kogudustest.

Usumõõt

Missugune elukoht, aukroon ja tasu on sulle Taevas valmistatud? Sellest raamatust saab tarkust ja juhatust usu mõõtmiseks ja parima ning kõige küpsema usu arendamiseks.

Ärka, Iisrael

Miks on Jumal pidanud Iisraeli maailma algusest kuni tänapäevani silmas? Missugune Jumala ettehoole on lõpuajaks valmistatud Iisraelile, kes ootab Messiase tulekut?

Minu Elu ja Mu Usk I & II

Kõige hõrgum vaimne lõhn, mis tuleb Jumala armastusega õilmitsevast elust keset süngeid laineid, külma iket ja sügavaimat meeleheidet.

Jumala Vägi

Kohustuslik kirjandus, mis on vajalik juhis tõelise usu omamiseks ja Jumala imelise väe kogemiseks.

www.urimbooks.com

www.ingramcontent.com/pod-product-compliance
Lightning Source LLC
LaVergne TN
LVHW041755060526
838201LV00046B/1018